FRITZ WEPPER

SUSANNE KELLERMANN

Nur mit Hund bin ich ein Mensch

Vom wunderbaren Leben mit Tieren, die unser Herz erobert haben

Umschlaggestaltung: Kathrin Steigerwald, Hamburg unter Verwendung eines Motivs von Getty Images/Peter Bischoff
Rechte Autorenfoto: Peter Bischoff
Erstentwurf Text: Anna Butterbrod

Der Verlag und seine Autor:innen sind für Reaktionen, Hinweise oder Meinungen dankbar. Bitte wenden Sie sich diesbezüglich an verlag@goldegg-verlag.com.

Der Goldegg Verlag achtet bei seinen Büchern und Magazinen auf nachhaltiges Produzieren. Goldegg-Bücher sind umweltfreundlich produziert und orientieren sich in Materialien, Herstellungsorten, Arbeitsbedingungen und Produktionsformen an den Bedürfnissen von Gesellschaft und Umwelt.

ISBN: 978-3-99060-361-1

© 2023 Goldegg Verlag GmbH
Unter den Linden 21 • D-10117 Berlin
Telefon: +49 800 505 43 76-0

Goldegg Verlag GmbH, Österreich
Mommsengasse 4/2 • A-1040 Wien
Telefon: +43 1 505 43 76-0

E-Mail: office@goldegg-verlag.com
www.goldegg-verlag.com

Layout, Satz und Herstellung: Goldegg Verlag GmbH, Wien
Printed in the EU

INHALTSVERZEICHNIS

Vorwort

Liebe Leserinnen und Leser,

das Buch, das Sie nun in Händen halten, ist mehr als ein Buch über Hunde, obwohl diese natürlich eine tragende Rolle spielen.

Wir alle haben in unserem Leben wunderbare Wesen – menschliche, aber auch tierische. Tiere begleiten uns eine Zeit lang und wir bauen oft tiefe Beziehungen zu ihnen auf. Das Herz von mir, Fritz, haben die Hunde für immer erobert. Ich finde sie einfach fabelhaft. Hunde können unsere besten Freunde sein, sie sind verlässlich an unserer Seite, manche sind richtige Seelenpartner. Wortlos verstehen wir uns und erleben Momente inniger Verbundenheit.

Wenn man Leute fragt, so können viele sich eindeutig als »Katzenmensch« oder »Hundemensch« verorten. Bei mir, *Susanne,* sind es die Katzen, deren Wesensart meiner Vorstellung von Sein und Sein-Lassen nahesteht. Ich mag ihre Unabhängigkeit und ihren Stolz. Im gemeinsamen Leben mit Fritz und den Hunden habe ich viel über Hunde erfahren. Neue und teils überraschende Erkenntnisse über mich selbst und unsere Beziehung zueinander habe ich aber nochmals aus den intensiven gemeinsamen Arbeiten für dieses Buch gezogen.

Und so ist aus diesem Buch gemeinsam so viel mehr entstanden als eben einfach nur ein Buch über Hunde. Es ist Erinnerung, es sind Lebensweisheiten, die wir ziehen durften, Einsichten und Ansichten von Wegbegleitern und einfach wertvolle Momente, für die wir sehr dankbar sind.

Wir laden Sie ein, uns bei dieser sehr persönlichen Rückschau zu begleiten. Die Fotos, die Sie in diesem Buch sehen, symbolisieren kostbare Augenblicke mit Menschen, Hunden und anderen Tieren, die für uns eine besondere Bedeutung haben.

Fritz Wepper   *Susanne Kellermann*

Nur mit Hund bin ich ein Mensch

Ich mag Hunde einfach, um nicht zu sagen, ich liebe sie. Warum genau, weiß ich nicht. Ich glaube, es liegt in der Familie. Als Kind habe ich Fotos meines Vaters gesehen, als er ein kleiner Junge war und neben seinem Schäferhund Lux steht. Lux ging ihm fast bis zur Schulter. Er strahlte so eine Ruhe aus, etwas Beschützendes. Die beiden sahen aus wie ein eingeschworenes Gespann. Sie gehörten ganz selbstverständlich zusammen. Das hat mich fasziniert und ich habe mir so einen Begleiter auch in meinem Leben gewünscht. Ich kann mich noch heute an das Glücksgefühl erinnern, das ich empfand, wenn ich mit meinem ersten Hund Jimmy durch den Hirschgarten spazierte. Er drehte seine Runden, suchte immer wieder den Blickkontakt zu mir. Dann lief er mit seinen wehenden Ohren zu mir zurück und drückte seinen Körper an meine Beine. Mit bebendem Brustkorb und wedelndem Schwanz, ganz nah bei mir und schon wieder auf der Suche nach einem weiteren kleinen Abenteuer, das er hinter dem nächsten Baum erleben konnte, um sich sodann bald wieder an mich zu schmiegen. Ich spüre das noch heute. Diese wechselseitige Zuneigung, der Körperkontakt und die Wärme haben mich immer glücklich gemacht. Für mich gehört ein Hund zur Familie, oder anders gesagt, für mich gehört zu einer Familie auch ein Hund.

Darf ich vorstellen? Meine fellige Familie

Ich möchte Ihnen zuallererst meine Familie vorstellen, besser gesagt den felligen Teil davon. Denn so habe ich meine Hunde immer gesehen: als vollwertige Familienmitglieder.

Mein erster Hund brachte mir bei, was es heißt, Verantwortung für ein anderes Lebewesen zu übernehmen. Er zeigte mir, wie schön es ist, eine innige Beziehung zu einem Tier aufzubauen. Danach wollte ich nie mehr ohne diese bedingungslose Liebe sein, die Hunde und ihre Halter miteinander verbinden kann. Meine Vierbeiner haben mich immer wieder zum Lachen gebracht. Zum Beispiel versuchte ich einmal, das Heulen eines Wolfes zu imitieren. Jimmy sah mich mit großen Augen an und stimmte in das Geheul ein. Das war zu komisch, weil ich nicht damit gerechnet hatte, dass er mir gleich so wölfisch antworten würde.

Ich litt mit ihnen, wenn es ihnen nicht gut ging. Sie standen mir bei und ich ihnen. Bis zum letzten Atemzug und weit darüber hinaus. Denn wirklich verlassen hat mich keiner von ihnen. Ich trage sie in meinem Herzen und umgebe mich in meinem Haus am Tegernsee mit möglichst vielen Erinnerungen und Fotos von ihnen. Ich besitze sogar noch den ledernen Anhänger von Jimmys Halsband. So etwas könnte ich nie wegwerfen! Jimmy war mein erster Hund.

Jimmy – unsere erste Liebe

Als ich 13 Jahre alt war und mein Bruder Elmar zehn, wünschten wir uns unbedingt einen Hund. Unsere Mutti war sofort einverstanden und schaute, was sie machen konnte. Sie fand einen sehr guten Züchter für Cocker Spaniels in Oberschleißheim. So hatten wir bald ein neues Familienmitglied: Welpe Jimmy. Er war genauso rothaarig wie wir, das passte gut. Pippi Langstrumpf war ja blond im Vergleich zu uns!

Elmar und ich wetteiferten darum, wer mit Jimmy spazieren gehen durfte. In der Nähe unserer Münchner Wohnung befand sich der Königliche Hirschgarten, wo wir ausgelassen mit ihm herumlaufen konnten und Jimmy reichlich Begegnungen mit anderen Artgenossen hatte. Der Hirschgarten war und ist ein riesiger Park mit wunderschönem altem Baumbestand. Unser Ururgroßvater Andreas Weber war dort Königlich Bayerischer Revierjäger. Wir bewegten uns sozusagen auf seinen Spuren.

Andreas Weber war einer der wenigen, die 1814 lebend aus dem Feldzug Napoleons gegen Russland zurückkamen. Zurück in München wurde ihm die goldene Tapferkeitsmedaille verliehen. Wäre er Offizier gewesen, wäre er geadelt worden. So aber hatte er einen Wunsch frei. Er bat darum, dass der Name Weber in Wepper umgewandelt würde, um sich von der Masse abzuheben. Denn von der Zunft der Weber gab es damals jede Menge.

Im Hirschgarten kam übrigens nicht nur Jimmy auf seine Kosten. Es gab dort Ende der 1950er-Jahre infolge des Zweiten Weltkriegs immer noch riesige Bombentrichter, also kraterähnliche Löcher im Erdboden. An deren Steilwänden haben wir mit unseren Fahrrädern unsere Runden gedreht. Ein Gasthaus gab es natürlich auch. Dort wurden, sehr zu unserer Freude, auch Spiele für Kinder angeboten, Sackhüpfen, Eierlauf und vieles mehr. Hier konnten sich Elmar und ich unser erstes Zubrot verdienen: Für 50 Pfennige schoben wir das Kinderkarussell an.

Aber unsere Lieblingsbeschäftigung war es, mit Jimmy zu spielen und zu kuscheln. Er war so süß und unendlich gutmütig, er ließ alles mit sich machen. Ich musste immer lachen, wenn er auf mich zugelaufen kam und seine großen Hängeohren wie Segel auf- und abflogen. Jimmy lehrte uns, was es heißt, Verantwortung für einen Hund zu übernehmen. Drei Jahre später erfuhren wir auf tragische Weise, dass diese Verantwortung auch mit Schmerz verbunden sein kann.

Ich zeltete mit Freunden im Paradieswinkel am Starnberger See, das ist eine zauberhafte Bucht zwischen Starnberg und Possenhofen. Wir waren gerade im Zelt, als uns ein Mädchen fragte, ob sie mit Jimmy spazieren gehen dürfe. Ich nickte und sie lief mit Jimmy an der Leine über eine sehr befahrene Straße zum Parkplatz auf der anderen Seite. Dort angekommen, löste sich Jimmy aus der Halsung, weil er unbedingt zu mir zurückwollte. Ich hörte nur einen lauten Schrei, aber da hatte ihn der dreirädrige Messerschmidt Kabinenroller bereits erfasst. Jimmy lag verletzt auf der Straße und als ich ihn aufnehmen wollte, biss er mich vor Schmerz in die Hand. Wir legten Jimmy auf eine Luftmatratze und ließen uns von einem Erwachsenen in die Tierklinik nach München fahren. Am nächsten Tag kam ein Anruf, dass Jimmy die Nacht nicht überlebt hatte und jetzt im Hunde-paradies sei. Wenn ich ehrlich bin, steckt mir dieses traumatische Erlebnis noch heute in den Knochen. Ich hätte es wissen müssen, dass Jimmy sich nicht einfach von jemand anderen ausführen lässt.

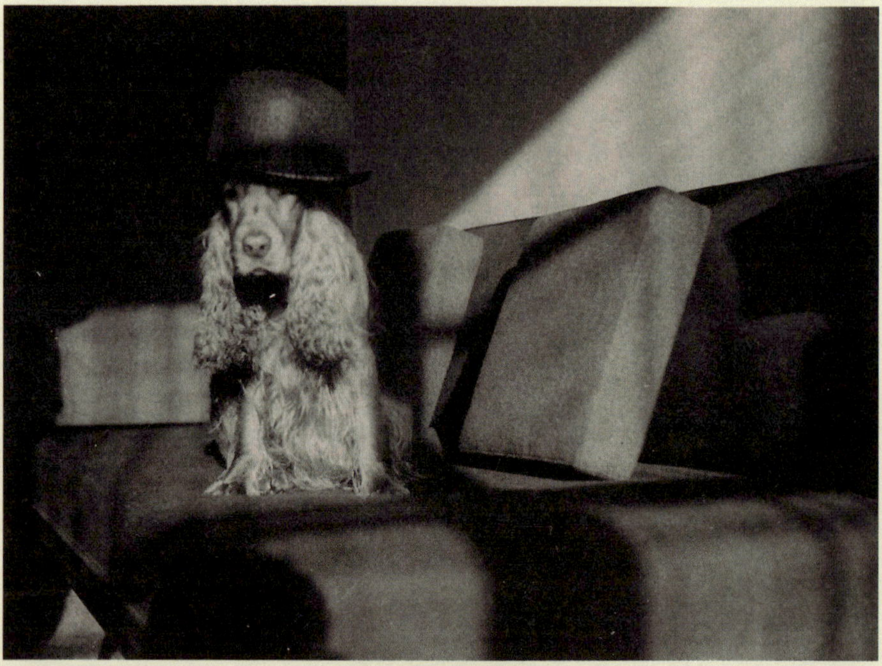

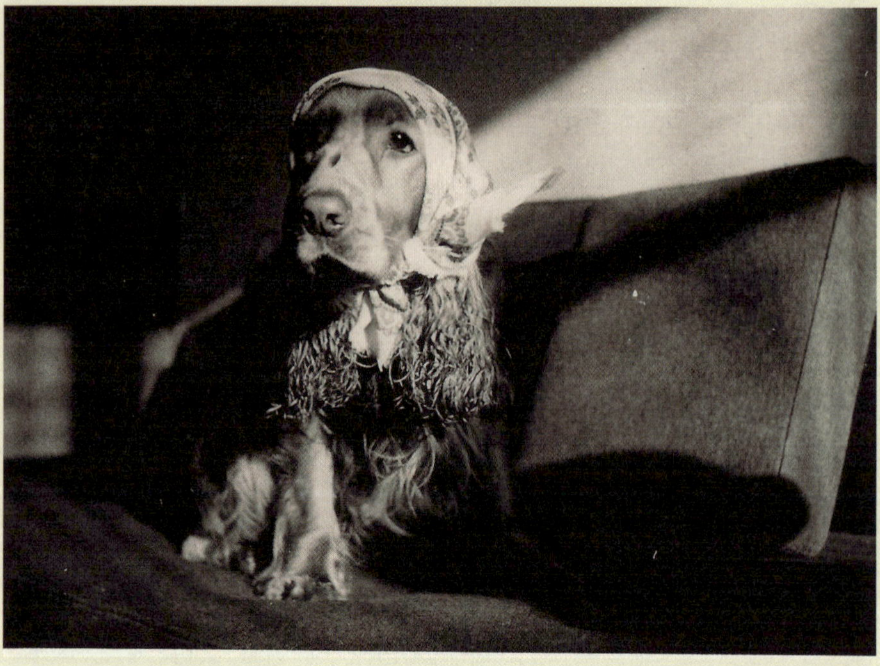

Benny – ein treuer Gefährte

Wir hielten es nicht lange ohne vierbeinigen Freund aus, dazu hatten wir uns einfach viel zu sehr an das abwechslungsreiche Leben mit einem Hund gewöhnt. So kam 1957 Benny zu uns. Ebenfalls ein Cocker Spaniel aus Oberschleißheim, mit wunderschönem Behang, also den typischen hängenden, lockigen Ohren.

Genau wie schon bei Jimmy stand auch sein Körbchen in unserem Kinderzimmer. Wir schliefen am allerbesten, wenn er in unserer Nähe war. Und er auch. Benny blieb uns zum Glück länger erhalten. Wir konnten 15 Jahre mit ihm verbringen. Auch als er schon alt war, gingen wir mit ihm noch im Hirschgarten spazieren. Das muss sehr komisch ausgesehen haben. Denn Benny konnte nichts mehr hören und wir mussten ihm mit ausladenden Gesten zu verstehen geben, was wir von ihm wollten. Benny starb im Winter 1973. Elmar und ich fuhren mit ihm nach Straßlach, südlich von München. Außerhalb des Golfplatzes gab es dort einen kleinen Hügel mit einer riesigen alten Eiche. Ausgerüstet mit zwei Spaten wollten wir hier eine Grube ausheben. Aber es lag Schnee und der Boden war steinhart gefroren. Nach stundenlanger Schwerstarbeit konnten wir unseren geliebten Benny in einem kleinen Holzsarg, den wir extra für ihn hatten anfertigen lassen, beerdigen. Später dachte ich bei jeder Golfrunde an ihn. Er ging mir furchtbar ab.

„Mein Herzenswunsch!
Ich möchte wieder zurück,
falls ich einmal verloren
gehe. Man macht sich sonst
große Sorgen um mich.
Telefongeld ist beigefügt.
Im Voraus besten Dank
Getreuer Vierbeiner"

Ero – der Jäger und Wächter

1979 machte ich meinen Jagdschein und fand: Ein Jäger ohne Hund ist wie ein Tanz ohne Frau. Der Vater eines Freundes hatte einen Deutsch Drahthaar, mit dem er sehr zufrieden war, und er gab mir die Adresse eines Züchters im Saarland. Ich fuhr dorthin und der Züchter stellte mir einen Rüden namens Ero vor. Er war eineinhalb Jahre alt und ich war gleich hin und weg, als ich ihn sah. Als ich ihn mit nach Hause brachte, hatte er bereits die sogenannte Jugendsuche für Jagdhunde hinter sich, die offiziell Verbandsjugendprüfung (VJP) heißt, und auch die Herbstzuchtprüfung (HZP). Diese Prüfungen müssen alle Jagdhunde ablegen, um sicherzustellen, dass sie in der Praxis den Anforderungen im Revier entsprechen.

Ero war ein Vorstehhund. Das heißt: In dem Moment, in dem er bei der Jagd Witterung aufnahm, unterbrach er sein Suchen und blieb ruckartig stehen. Er hob seinen Vorderlauf an und zeigte in die Richtung des gewitterten Wildes. Ero war ein vorbildlicher und sehr verlässlicher Jagdbegleiter, sodass ich die Meisterprüfung eines Vorstehhundes, die Verbandsgebrauchsprüfung (VGP), selbst mit ihm absolvieren wollte. Ich begann den dafür notwendigen Hundeführer-Lehrgang, der ein halbes Jahr dauerte. Und was soll ich sagen, die Prüfung wurde für uns beide ein voller Erfolg.

Als meine Tochter Sophie 1981 auf die Welt kam, lag sie im Garten auf einer Decke, um die wir ein Laufstallgitter aufgestellt hatten, und Ero bewachte sie – dieses Bild habe ich noch genau vor Augen. Ganz nebenbei war er nämlich auch ein geborener Wachhund, dem ich jederzeit das Leben meiner mir liebsten Menschen anvertraut hätte.

Seine guten Gene sollten unbedingt weitergegeben werden: Da Ero ein Zuchtrüde war, hatte sich sein Züchter aus dem Saarland bei uns zu einem Besuch mit einer seiner Hündinnen angemeldet. Ero und sie sahen sich und es kam zum Zeugungsakt, der ungefähr 20 Minuten dauerte. Für danach hatte ich zwei kalte Weißwürschtel vorbereitet, zur Stärkung. Ich gab eine der Hündin und eine dem Ero. Noch heute muss ich lachen, wenn ich daran denke, wie beide dastanden, jeder die Weißwurst quer im Maul, und mich mit großen Augen ansahen. Weder er noch sie hatten nach diesem Liebesakt Appetit auf eine Weißwurst. Aber nach gut zwei Monaten warf die Hündin und Ero wurde mehrfacher Vater – auch ohne Weißwurst.

Andy – ein Löwe mit Herz

Aus diesem Wurf durfte ich mir einen Sohn oder eine Tochter von Ero aussuchen. Wobei ich immer das Gefühl habe, dass sich meine Hunde stets mich ausgesucht haben und nicht umgekehrt. So war es auch bei Andy. Er kam auf mich zugelaufen – oder besser gesagt zugetapst. Denn er war ja erst acht Wochen alt. Mir fielen seine starken Pfoten auf, wie kleine Löwenpranken. Es war absehbar, dass er einen starken Körperbau haben würde. Das gefiel mir.

Doch es kam anders: Andy hatte keinen leichten Start ins Leben. Natürlich hatte ich wie üblich jegliche Vorsorge wie Impfungen und Wurmkur durchführen lassen. Trotzdem war er eher schwächlich und wuchs nicht so schnell, wie er es eigentlich hätte tun sollen. Als Andy etwa ein dreiviertel Jahr alt war, sah ich plötzlich eine etwa briefmarkengroße »Finne« in seiner Losung, also seinem Kot. Es stellte sich heraus, dass man bei der Wurmkur offensichtlich das Mittel gegen Bandwürmer vergessen hatte. Und damit war auch klar, warum Andy in seinem Wachstum zurückgeblieben war: Der Bandwurm hatte ihm alles weggefressen, was er für die Entwicklung seines Körperbaus gebraucht hätte. Das war sehr tragisch. Aber seelisch und von seinem Charakter her war Andy dafür umso stärker aufgestellt. Für mich sah er immer aus wie ein Weiser aus dem Morgenland.

Als Andy schon ein älterer Herr war, kam die Jack-Russell-Hündin Honey meiner Tochter Sophie in die Familie. Obwohl Andy seine Hinterläufe beim Gehen schon nicht mehr richtig anheben konnte und seine Krallen den Boden streiften, spielte er noch den großen Rüden, um Honey beim Spazierengehen zu begleiten. Er war eben ein echter Gentleman. Wir genossen die Zeit, die wir miteinander hatten: Ero mit seinem Sohn Andy und Honey, die beste Freundin der beiden. Ero wurde zwölf Jahre alt, Andy fast 15 und Honey 17. Es scheint fast so, als hätte sich die Verbundenheit, die wir alle miteinander spürten, positiv auf das Lebensalter der Hunde ausgewirkt.

Aron – mein bester Freund

Auf einer Drückjagd 2009 fiel mir ein junger Deutsch Drahthaar auf, der entweder seine Nase am Boden hatte oder in der Luft witterte. Ein Verhalten, das nicht jeder Jagdhund so ausgeprägt zeigt. Neugierig wie ein kleiner Junge fragte ich seine Besitzerin und Züchterin Ute Jochims, ob ich ein paar Schritte mit ihm gehen dürfe. Sie sagte Ja. Und noch etwas erlaubte sie mir, nämlich Aron zu schnallen, d. h. ihn von der Leine zu lassen. Ich setzte mich auf eine Holzbank, und plötzlich sprang Aron mir zur Seite. So, als wollte er sagen: »Na, wie wär's mit uns beiden?« Danach ging ich voller Überzeugung zu Ute und bekundete mein herzliches Interesse an Aron. Ich freute mich wahnsinnig, als sie schließlich zusagte.

Aron war damals erst elf Monate alt und noch nicht ausgebildet. Er blieb noch ein Jahr bei Ute, um mit ihr alle gängigen Prüfungen abzulegen – denn das hätte ich neben meiner Arbeit nicht geschafft. Zuerst kam die VJP, die Verbandsjugendprüfung. Dann die Wasservorentscheidung für die Internationale Hegewald. Aron hat überall seine SG »Sehr gut« bekommen, auch Form- und Haarprüfung war erfolgreich. Damit kam er für die »Internationale Hegewaldprüfung« infrage, an der die vielversprechendsten Deutsch-Drahthaar-Junghunde teilnehmen. Das ist zu vergleichen mit einer echten Weltmeisterschaft! Aron absolvierte alle Aufgaben mit Bravour. Die Prüfung besteht aus mehreren Teilbereichen: Eine davon ist die sogenannte »Wasserarbeit«. Zunächst muss der Hund seine Schussfestigkeit unter Beweis stellen. Dazu wird eine tote Ente ins Wasser gelegt, der Hund nimmt das Wasser an, und wenn er unmittelbar vor der Ente ist, wird ins Wasser geschossen. Der Hund muss ruhig bleiben und darf keine Angst vor dem Schuss zeigen. Anschließend muss er die Ente korrekt apportieren, das heißt, er bringt sie dem Führer ohne weiteres Kommando, setzt sich vor ihn und erst nach dem Befehl »Aus« nimmt der Führer die Ente. Der zweite Teil ist das »Verlorenbringen«. Eine tote Ente wird in einem Schilfgürtel in 40 Meter Entfernung abgelegt, ohne dass der Hund dies sieht. Nach dem Bringbefehl muss er selbstständig durchs Wasser schwimmen und solange suchen, bis er sie gefunden hat. Beim »Lebend-Verlorenbringen« hat Aron die Höchstpunktzahl 12 bekommen. Eine sehr seltene Ausnahmeleistung!

Nach der Prüfung meinte ich zu Ute: »Sag mal, das war aber knapp! Nur einen halben Punkt am ersten Platz vorbei!« Da antwortete sie: »Weißt du, Fritz, wir hätten den halben Punkt schon machen können, aber dann hätte ich vor 400 Leuten eine Rede auf Deutsch und Englisch halten müssen. Das wollte ich dann doch nicht.«

Nach der Hegewaldprüfung absolvierte Aron auch die Verbandsgebrauchsprüfung VGP. Er erreichte sagenhafte 336 Punkte und belegte damit den ersten Platz.

Als Aron endlich zu mir kam, wurde er sofort zu meinem allerbesten Freund. Zum lebendigen Schatten, der mir nicht mehr von der Seite wich. Aron begleitete mich, wenn möglich, zum Drehen, legte seine Schnauze in meinen Schoß, während ich aß. Sein Hundebett steht noch heute gleich neben meinem. Wenn er sich zu mir auf die Matratze legen wollte, war das für mich in Ordnung. Bat er mit einem sehnsüchtigen Blick um ein Stück meiner Butterbrezel, bekam er es. Mein Herz war Wachs in seinen Pfoten. Ich hatte oft Freunde, Familie oder Kollegen um mich. Aber wäre Aron nicht bei mir gewesen, hätte ich mich trotzdem manchmal einsam gefühlt. Wir verstanden uns auch ohne Worte.

Sein herausragender Instinkt hat mich stets fasziniert. Hunde spüren Dinge zwischen Himmel und Erde, die uns Menschen oft verborgen bleiben. Aron wusste zum Beispiel als Erster, dass meine zweite Tochter Filippa an genau dem Tag auf die Welt kommen würde, an dem sie es tatsächlich auch tat. Sanne hatte, wie schon die Tage zuvor, wieder einmal Wehen. Aber diesmal legte Aron plötzlich seinen Kopf auf ihren Bauch. Dann fing er an zu juchzen – es hörte sich wirklich genau so an. Da war klar: Heute ist etwas anders. Heute kommt Filippa!

Ich bin so froh, dass ich zahlreiche besondere Momente in meinem Leben – gute und schlechte – mit Aron teilen durfte. Geteiltes

Leid ist halbes Leid, geteilte Freude ist doppelte Freude. Wir waren immer füreinander da. Und wenn wir zusammen waren, war das allein für uns schon ein Grund zur Freude.

Wie sehr ich mit Aron seelisch verbunden war, wurde mir nach dem Tod meiner Frau Angela bewusst. Ich konnte aus seinem Verhalten ablesen, dass er Anteil nahm und spürte, was los war. Nach diesem Schicksalsschlag wedelte seine Rute nicht wie gewohnt und er sah mir tief in die Augen. Er drückte sich fest an mich, was für mich soviel hieß wie: »Ich gebe dir Halt, ich stehe dir bei.« Wenn ich ihn streichelte, kam ein tiefer Seufzer aus ihm heraus. Es hätte auch meiner sein können.

Hunde spüren Dinge zwischen Himmel und Erde, die uns Menschen oft verborgen bleiben.

Warum ich kein Katzenmensch bin

Ich habe mal einen Cartoon gesehen, der mir auf einen Schlag klar machte, warum ich mich nicht gerade als Katzenmensch bezeichnen würde. Ein Hund und eine Katze plaudern über die Menschen.

Sagt der Hund: »Sie lieben mich, sie füttern mich, sie kümmern sich um mich. Sie müssen Götter sein!«

Sagt die Katze: »Sie lieben mich, sie füttern mich, sie kümmern sich um mich. ICH muss eine Göttin sein!«

Und ich glaube, genauso ist es auch. Katzen sind sehr eigenständige Tiere. Ihre Besitzer müssen bereit sein, sich ihnen unterzuordnen – und nicht umgekehrt. Eine Katze macht, was sie will. Nicht unbedingt mein Modell. Zumindest auf Augenhöhe sollte die Beziehung schon sein.

Nur einmal gelang es einer Katze, meinen Ehrgeiz zu wecken. So sehr, dass ich sie unbedingt in meinen vier Wänden haben wollte. Und das kam so: Anfang der 1970er-Jahre lernte ich Bernd »Bernie« Herzsprung kennen, und wir verstanden uns so gut, dass wir recht zügig in dasselbe Haus zogen. Ich hatte in Pullach einen Neubau entdeckt, der wirkte wie ein modernes Schloss aus Sichtbeton. Ich mietete darin eine Maisonettewohnung, Bernie das Appartement nebenan.

Eines Tages stand eine Tigerkatze vor unserer Tür. Es stellte sich heraus, dass sie kein Gastspiel gab, sondern Mitglied des Ensembles werden wollte. Da die Katzendame zwischen meiner Wohnung und Bernies Appartement hin- und herwanderte, tauften wir sie »Strawanzi« und buhlten fortan um ihre Gunst. Daraus wurde ein regelrechter Wettbewerb zwischen Bernie und mir:

Wer hat das schönere Katzenkörbchen?

Wer hat die lustigeren Spielsachen?

Wer gibt ihr das bessere Futter?

Als Bernie mitbekam, dass ich eine Mark fünfzig mehr für die Dosenmahlzeit ausgegeben hatte, kaufte er feines Hühnerfleisch vom Metzger für Strawanzi und setzte ihr eigens gekochtes Essen vor. Trotzdem siegte ich und Strawanzi zog auf Dauer bei mir ein. Womöglich lag es am Kaviar, den ich servierte …

Als ich 1979 zu meiner frisch angetrauten Frau Angela zog und mir meinen ersten Deutsch Drahthaar, Ero, zulegte, stellte ich mir natürlich die Frage: Strawanzi und Ero unter einem Dach? Würde das auf Dauer gutgehen? Leider war dem nicht so. Ero bekam Strawanzis Krallen auf seiner Schnauze zu spüren und bellte lauthals, wenn er sie sah. Daher musste ich eine Entscheidung treffen, die mir schwerfiel, die sich aber für beide Tiere als beste Lösung herausstellte.

Ich fand für Strawanzi einen Bauernhof, auf dem sie in Ruhe leben konnte – ohne Angst vor bellenden Kontrahenten. Wie ich später von ihren neuen Besitzern hörte, fühlte sie sich ausgesprochen wohl (auch ohne Kaviar) und hatte als selbsterkorene Land-Göttin alle anderen Tiere unter sich. Typisch Katze. Ich war mir sicher, die richtige Wahl getroffen zu haben.

Warum ich ein Katzenmensch bin

SUSANNE KELLERMANN

Es gibt einen Cartoon, der auf einen Blick verdeutlicht, warum ich mich als Katzenmensch bezeichnen würde. In dem Cartoon unterhalten sich ein Hund und eine Katze über die Menschen.

Sagt der Hund: »Sie lieben mich, sie füttern mich, sie kümmern sich um mich. Sie müssen Götter sein!«

Sagt die Katze: »Sie lieben mich, sie füttern mich, sie kümmern sich um mich. ICH muss eine Göttin sein!«

Für mich ziemlich zutreffend. Schließlich wurden Katzen im alten Ägypten als Göttinnen verehrt. Sie schützten ihre Besitzer erfolgreich vor Mäusen und Ratten, die sonst die lebensnotwendigen Getreidevorräte geplündert hätten. So machten sich die Stubentiger schon vor Tausenden von Jahren zum unentbehrlichen Haustier. Eine Katze zu töten, war damals ein schweres Verbrechen!

Ich vergöttere Katzen nicht, aber sie sind mir sympathisch. Was ich besonders an ihnen mag, ist ihre Selbstständigkeit. Im Vergleich zu Hunden sind Katzen viel unabhängiger. Sie betteln nicht um Streicheleinheiten oder Leckerlis, kommen und gehen, wann sie wollen. Sie haben ihren eigenen Kopf und hören nicht auf jeden Befehl.

Katzenbesitzer müssen sich meiner Meinung nach nicht unterordnen. Aber sie müssen loslassen können – und das Urvertrauen haben, dass ihr Tier doch immer wieder zu ihnen zurückkehrt, obwohl es sich gern frei nach Schnauze durch die Welt und den gemeinsamen Alltag bewegt. Für mich sieht so ähnlich auch die ideale Basis für jede Beziehung zwischen Mensch und Mensch aus: Man lebt zwar miteinander, gesteht sich aber gegenseitig genug Freiraum für eigene Ideen und Träume zu.

Treue ist mir trotz aller Freiheit wichtig. Und die können einem auch Katzen schenken. Aber sie klammern und sie fordern nicht. Sie signalisieren auf ihre Weise, dass sie dich lieben, geben dir aber ebenso zu verstehen, dass sie auch ohne dich lebensfähig sind. Und trotzdem: Auch zwischen Katze und Mensch können sich innige Beziehungen entwickeln.

Ich kann mir vorstellen, warum Fritz mit diesen Charaktereigenschaften nicht wirklich viel anfangen kann. Um ehrlich zu sein, lässt er sich schon gern anhimmeln. Und er mag es einfach, gebraucht zu werden. Vielleicht macht ihn gerade das wiederum zu einem idealen Hundemenschen.

Meine ersten Reitstunden
auf dem »Dicken«

Der »Dicke« machte seinem Namen alle Ehre. Ich war neun Jahre alt und musste meine Beine ziemlich weit spreizen, als ich zum ersten Mal auf seinem breiten Rücken Platz nahm. Meine Füße baumelten in den Steigbügeln rechts und links von seinem kugelrunden Bauch. Der »Dicke«, das war ein schokobrauner Wallach mit cremefarbener Blesse von der Stirn bis zum Maul. Er zeichnete sich nicht nur durch seinen Körperumfang aus, sondern auch durch Gutmütigkeit – zumindest anfangs …

Er war nicht das erste Pferd, auf dem ich saß. Mutti hatte meinen Bruder Elmar und mich schon auf dem Oktoberfest reiten lassen. Unterhalb der Bavaria wurden Ponys im Kreis geführt. Eine Attraktion, bei der Eltern mit ihren Kindern Schlange standen. Als ich endlich auf einem weißen Tier umhertrottete, fühlte ich mich wie der Held meiner Kindheit: »Hopalong Cassidy«. Jeden Sonntag wurden im Kino seine Wildwestabenteuer gezeigt, das war für Elmar und mich das Highlight der Woche! »Hopalong Cassidy« war ein tugendhafter Cowboy, der auf seinem Schimmel »Topper« unermüdlich Bösewichte bekämpfte.

Wir aßen immer um Punkt zwölf zu Mittag, um 14 Uhr ging die Filmvorstellung los. Wenn wir Buben frech waren, durften wir nicht hingehen. Dann gaben wir alles, um das Herz unserer Mutter doch noch zu erweichen. Meistens klappte es. Einmal malten Elmar und ich uns als winzige Männchen oben auf ein weißes Blatt Papier. Unter uns erstreckte sich eine riesige Blase über den Rest des Blattes. Das sei ein See aus Tränen, erklärten wir. Mutti musste lachen – und ließ uns gehen. Wenn Elmar und ich nach unseren Kino-Abenteuern zurückkamen, erschufen wir uns zu Hause unsere eigene Wildwestwelt. Wir brauten sogar aus Essig, Wasser, Salz und Pfeffer unser eigenes Feuerwasser zusammen. Diese Mischung war ungenießbar, aber keiner durfte beim Trinken mit der Wimper zucken. Wir spülten es tapfer hinunter wie unsere Helden auf der Leinwand. Beim Spielen war Elmar immer der Indianer und ich der Cowboy. Dank Mutti, die meine Reitstunden bezahlte, durfte ich mich nun einmal pro Woche wirklich wie einer fühlen, wenn ich auf dem »Dicken« saß. Ich freute mich jedes Mal so sehr darauf!

Die Reitstunden fanden nahe des Westfriedhofs auf einer Wiese neben einem Stall statt. Wenn es einmal regnete, wurde ich eben nass, damals gab keine schützende Halle. Aber das machte mir nichts aus. Ich war ja ein Cowboy! Und die können einiges vertragen.

Meine Reitlehrerin, Fräulein Schuster, war äußerst streng: Ihren Stall durften wir nur mit blitzblank geputzten Reitstiefeln betreten. Nach jeder Stunde habe ich sie mit Lederseife sauber gemacht, meinen Sattel und das Zaumzeug gewachst. Das gehörte alles dazu. Fräulein Schuster lehrte mich, wie man auf Pferde zugeht: Hand ausstrecken, schnuppern lassen, mit den Augen Kontakt aufnehmen. Streicheln und abklopfen – das mögen Pferde genauso gern wie Hunde. Ein Würfel Zucker zwischendurch hilft natürlich auch bei der Kommunikation! Ich lernte jeden Tag dazu, und manchmal auch durch unschöne Erlebnisse.

Einmal trabte ich recht zügig auf Fräulein Schuster zu, als der sonst so sanfte »Dicke« plötzlich ohne Vorwarnung ruckartig stehen blieb. Er stemmte alle viere in den Wiesenboden und ich machte einen Salto über seinen Kopf hinweg. Mir gelang es ganz gut, mich auf dem schlammigen Boden abzurollen. Aber als ich noch völlig verdattert aufstand, tat mein rechter Arm höllisch weh. Ich musste zum Arzt und der verpasste mir einen dicken Verband. Gebrochen war wohl nichts, aber ich musste meinen Arm in einer Schlinge vor dem Bauch tragen. Das war insofern ungünstig, als meine Klasse zwei Tage später ins Schullandheim Endlhausen südlich von München aufbrechen wollte. Immerhin durfte ich trotz meiner Verletzung mit. Die hielt mich dann auch nicht davon ab, mit den anderen Jungs unerlaubterweise mitten in der Nacht durchs Fenster nach draußen zu klettern und um das denkmalgeschützte Bauernhaus zu schleichen. An den Fenstern der Mädchen klopfend – Jungen und Mädchen waren natürlich getrennt untergebracht – nahmen wir Kontakt mit den Mädchen auf, ohne dass unsere mitgereisten Lehrer es bemerkten.

Eine Woche nach meinem Sturz schlug ich wieder bei Fräulein Schuster auf, und sie half mir dabei, mit bandagiertem Arm den Pferderücken zu erklimmen. Ein bisschen zittrig war ich innerlich schon, aber das wollte ich mir äußerlich nicht anmerken lassen. Möglichst souverän und mit festem Schenkeldruck lenkte ich den »Dicken« über das Gelände. Dieses Mal folgte er mir aufs Wort, es gab keinen weiteren Zwischenfall. Und Fräulein Schuster lobte mich am Ende der Stunde für meinen Mumm.

Noch heute ist mein rechter Ellenbogen durch die Verletzung von damals spitzer als der linke. Das erinnert mich an meine wohl wichtigste Reitlektion: Nach einem Sturz sollte man möglichst schnell wieder rauf in den Sattel. Sonst besteht die Gefahr, dass man gar nicht mehr aufsteigt. Man muss seine Angst überwinden! Das gilt natürlich nicht nur auf dem Reitplatz. Aufstehen, weitermachen, nach vorne schauen. Das ist seitdem meine Devise. Egal, was kommt. Da halte ich es wie Winston Churchill:

»Erfolg ist einmal mehr aufstehen als hinfallen.«

Vorleben statt vorschreiben

Eine der wichtigsten Regeln bei der Kindererziehung lautet für mich: Vorleben funktioniert besser als vorschreiben. Daher habe ich meine Kinder und Enkelkinder nie dazu überredet, mit in den Wald oder zum Fischen zu kommen. Ich habe, wenn es um Tiere ging, nie aktiv Überzeugungsarbeit geleistet. Ich habe nur von meinen Erlebnissen berichtet und dann gefragt: »Willst du mal mitkommen?« Da antworteten alle mit: »Jaaa!«

Ich liebe es, im Wald aufzuwachen. Ich war früher gut ausgerüstet durch meine Camping-Trips nach Amerika, hatte Kochplatten mit Propangas, Sturmlampen und alles, was man sonst noch so braucht. Mit meinen Töchtern saß ich an lauen Abenden manchmal bis elf Uhr draußen vor der Jagdhütte im Wald im hessischen Schlitz. Geschlafen wurde im Schlafsack auf Feldbetten, und zum Frühstück gab es selbst gesammelte Waldbeeren mit Milch.

Die Natur so hautnah zu erleben, war ein Traum – für die Kinder und für mich. Ich hatte eine Abmachung mit ihnen: Ich schieße nicht, wir beobachten die Tiere nur. Stundenlang saßen wir auf dem Hochsitz, tranken Tee aus einer Thermoskanne und aßen Brote mit Teewurst.

Meinen Enkel Kil nahm ich im Alter von vier Jahren erstmals mit auf den Hochsitz. Nach einer Weile sagte er: »Ocka, wollen wir nicht gehen? Ich bin so müde.« Da zeigte ich auf meinen Rucksack und meinte: »Da kannst du deinen Kopf drauflegen und schlafen.« Als wir herunterstiegen, wurde es schon dunkel. Ich hatte eine Taschenlampe dabei und leuchtete uns den Weg, da war er ganz begeistert. Daraufhin schenkte ich ihm eine eigene Lampe, die er ab sofort in Ehren hielt.

Kil fing seinen ersten Fisch mit vier, meine Tochter Filippa mit sechs. Sie nahm an einem privaten Gewässer in Bayern wie selbstverständlich meine Fliegenrute in die Hand und legte los. Als sie tatsächlich wenig später eine stattliche Forelle von 50 Zentimetern Länge an der Angel hatte, meinte sie allerdings: »Papa, der Fisch tut mir irrsinnig leid.« Ich konterte: »Aber wir müssen ja auch was essen.« »Da hast du auch wieder recht«, meinte sie. Filippa hat es gleich verstanden.

Wie stolz sie war, als wir ihre Forelle noch am selben Tag in einem Gasthof zubereiten ließen – nach »Müllerin Art«, mit köstlicher Mandelkruste. Susanne, Filippa, ich – wir wurden alle davon satt. Das Foto von diesem Schmaus hängt heute noch in meiner Küche. Filippa schaut es sich ab und zu an und sagt: »Weißt du noch, Papa?«

Den Geschmack dieses ersten selbst gefangenen Fisches wird sie nie vergessen. Genau wie der längst erwachsene Kil sich heute noch an unsere gemeinsamen Stunden im Wald erinnert. So entsteht Wissen aus erster Hand. Und eine Erinnerung fürs Leben. So entwickelt sich Wertschätzung für alles, was uns die Natur zu bieten hat.

So lebt das, was ich erfahren habe, in meinen Kindern und Enkelkindern weiter.

Die Sätze meines Großvaters
hallen heute noch nach

ENKEL KIL

Man sagt, dass kurz vor dem Tod im Kopf noch einmal die wichtigsten Momente des Lebens an einem vorbeiziehen. Die Szene auf diesem Foto wird ganz sicher dabei sein, wenn es bei mir einmal so weit sein sollte. Ich habe den Tag mit »Ocka« – das ist mein Spitzname für meinen Großvater Fritz – auch nach über 20 Jahren noch genau im Gedächtnis. Unser gemeinsames Erlebnis draußen in der Natur zählt zu meinen ersten Kindheitserinnerungen.

Ich war vier oder fünf Jahre alt, als mich Ocka erstmals mit zum Fischen nahm. Der Boden war morastig und die Grashalme auf dem Weg zum Fluss fast größer als ich. Auf Ockas Rat hin hielt ich meine Hände hoch, um nicht von Brennnesseln gestochen zu werden. Das war eine ganz andere Welt für mich! Schon Ockas Fischereiweste, die er mir geliehen hatte, roch nach Adventure.

Ocka ist ein irrsinniger Rhetoriker, das ist sicher seinem Beruf als Schauspieler geschuldet. Er erklärte mir bildhaft, wie man fischt und mit welcher Hingabe die Fliegen gebunden werden, die er als Köder benutzte. Ocka brachte mir bei, dass Tiere seit Jahrtausenden einen hohen Stellenwert für den Menschen haben. Dass der respektvolle Umgang mit ihnen das Höchste und Wichtigste ist – selbst beim Töten und Zerlegen. Seine Sätze von damals hallen heute noch in mir nach. Wenn ich koche, gibt es für mich eine wahre Todsünde: Lebensmittel wegzuwerfen, insbesondere Fleisch. Ein Tier hat sein Leben für mich gegeben. Dieses Bewusstsein und die dazugehörige Ehrfurcht vermittelte Ocka mir wie kein anderer. Er stellte die Weichen dafür, wie ich heute mit Tieren umgehe. Ob beim Fischen, auf dem Hochsitz im Wald oder durch den Umgang mit seinen Hunden – Ocka lehrte mich, dass man mit Tieren nicht tun und lassen kann, was man will.

Es gibt Menschen, die kaufen sich Hunde wie Handtaschen, erziehen sie dann aber nicht richtig. Das ist so, als würde man Kinder in die Welt setzen und sich nicht um ihr Wohlergehen und ihre Ausbildung kümmern. Wenn ich Ocka besuchte, spielte ich mit seinem Deutsch Drahthaar Andy, der sehr kinderlieb war. Ich erlebte aber auch, dass Ocka streng zu ihm sein konnte – so wie ein Vater zu seinem Sohn. »Ja« zu sagen, ist immer einfach, aber jemandem Grenzen aufzuzeigen und das Beste aus ihm herauszuholen, ist das A und O in der Erziehung. Auch da ging Ocka sehr respektvoll vor.

Vielleicht hat er deswegen auf seinen Reisen so schnell eine enge Verbindung zu naturnahen Völkern aufbauen können. Mit den Native Americans oder den Tuareg in Nordafrika teilte er zwei wichtige Erkenntnisse: einerseits den ehrfürchtigen Umgang mit Tieren, aber gleichzeitig das Verständnis dafür, dass es eine klare Rollenverteilung gibt.

Für viele Werte, nach denen ich heute lebe, ist Ocka mitverantwortlich. Ich sehe uns nicht nur als Enkel und Großvater, sondern als Seelenverwandte. Wäre ich ein bisschen früher geboren und er ein bisschen später, wären wir sicher als sehr gute Freunde durchs Leben gegangen. Seine Fischereiweste trage ich heute zwar nicht mehr, dafür aber andere alte Klamotten von ihm, die ich mir unter den Nagel gerissen habe. Ocka ist und bleibt eine coole Socke, von der man sich auch in puncto Stil viel abschauen kann.

Ocka brachte mir bei, dass Tiere seit Jahrtausenden einen hohen Stellenwert für den Menschen haben.

Ein tierisch guter Anfang

Den Begriff »Tierwelt« mag ich nicht. Denn das hört sich so an, als hausten Tiere in einer Art Paralleluniversum. In einem nur für sie bestimmten Bereich. So, als wäre ihr Leben nicht unabdingbar mit dem der Menschen verwoben. Ich habe schon als kleiner Junge gespürt, dass Tiere und Menschen nicht parallel existieren, sondern einander bedingen. Und zwar in einer gemeinsamen Welt. Wir lernen voneinander, miteinander, füreinander.

Das Schlüsselerlebnis für diese Erkenntnis – auch, wenn es mir damals natürlich noch nicht als solches bewusst war – hatte ich 1952 im Alter von elf Jahren. Da wurde ich zu meinem allerersten Casting für ein Kindertheaterstück eingeladen. Es ging um eine Rolle in »Peter Pan«, und das Vorsprechen fand im Brunnenhof-Theater in der Münchner Residenz statt. Ich konkurrierte mit 200 anderen Kindern, und dass ich letztendlich einen der »verlorenen Jungs« spielen durfte, verdanke ich nicht nur meinem schauspielerischen Talent, sondern auch meinen gefiederten Freunden.

Als ich an der Reihe war, fragte mich nämlich der Regisseur Bruno Hübner: »Was würdest du tun, wenn jetzt ein kleiner Vogel hereingeflogen käme?« Mir diese Situation vorzustellen, fiel mir leicht. Wir hatten nämlich vor unserem Küchenfenster ein Vogelhäuserl hängen, an dem immer mächtig was los war. Täglich fütterte ich die Tauben und die anderen Piepmätze, die uns aufgeregt flatternd besuchten, mit Sonnenblumenkernen. Oft saß ich am Fenster und beobachtete ihr Treiben. Daher wusste ich genau, wie ich mich beim Vorsprechen verhalten sollte. Meine Fantasie wurde von einer praktischen Erfahrung unterstützt. Ich tat vor Hübner so, als würde ich den Vogel voller Überraschung wahrnehmen, ihm mit den Augen folgen und mich langsam nähern. Ich ließ das imaginäre

Tier auf meinen zur Schale geformten Händen landen und brachte es zum nicht vorhandenen Fenster. Dort entließ ich den Vogel mit einer schwungvollen Aufwärtsbewegung in die Freiheit. Nach einem zweiten Vorsprechen bekam ich die Rolle, die zum Grundstein meiner Karriere als Schauspieler wurde. Ein tierisch guter Anfang, würde ich sagen!

Den Vögeln im Garten meines Hauses am Tegernsee schaue ich heute noch gern bei ihren wilden Flugmanövern oder dem Putzen ihres Gefieders zu. Spatzen, Rotkehlchen, Amseln und Spechte, die es zu mir führt, füttere ich ab Oktober den ganzen Winter über wie früher mit Sonnenblumenkernen. Ich lade sie in ein extragroßes Vogelhaus ein, das gleich vor meinem Wohnzimmer steht.

Wenn ich beim Blick durchs Fenster mal keine Besucher entdecke, schaue ich mir meine gefiederten Freunde aus Porzellan an. Auf meinem Kaminsims stehen drei kleine Porzellanvögel, die ich beim Dreh von »Um Himmels Willen« in einem Antiquitätenladen in Landshut entdeckt habe. Sie erinnern mich immer daran: Tierliebe ist kein Hobby, sondern eine Lebensphilosophie.

Tierliebe formt den Menschen und lässt ihn wachsen.
Oft sogar über sich selbst hinaus.

Es geht um Leben und Tod!

SUSANNE KELLERMANN

Vor meinem Wohnzimmerfenster habe ich im Sommer eine Blumenwiese für Wildbienen gesät, die Halme wuchsen teilweise über einen Meter in die Höhe. Und nicht nur den Bienen schien das zu gefallen: Filippa und mir bereitete es einen Riesenspaß, zuzusehen, wie Spatzen dort landeten und auf Stängeln und Blättern förmlich im Wind »surften«.

Genau wie Fritz füttern wir die Vögel das ganze Jahr hindurch und freuen uns täglich über regen Besuch. Bevor nun einige Leserinnen und Leser unruhig werden: Der Landesbund für Vogelschutz in Bayern betont, dass eine ganzjährige Fütterung nicht schadet, sofern bestimmte Regeln zur Hygiene und zum Futterangebot beachtet werden. Und das tun wir. Denn Fakt ist: Das Vogelsterben in Deutschland nimmt immer größere Ausmaße an. Laut Bundesamt für Naturschutz ging die Population vieler Vogelarten in Deutschland zwischen 1980 und 2016 erschreckend zurück: bei Kiebitzen um 93 Prozent, bei Rebhühnern um 91 Prozent, bei Turteltauben um 89 Prozent und so weiter … Ursachen dafür sind unter anderem das Insektensterben und die intensive Verwendung von Düngemitteln sowie Pestiziden. Weil den Vögeln immer mehr Lebensraum genommen wird und sie nicht mehr genug Nahrung finden, werden weniger Jungvögel aufgezogen. Aber natürlich tragen auch Hauskatzen und vor allem streunende Katzen einen Teil zum Verschwinden der Vögel bei.

Ich finde: Wer sich ein Haustier zulegt, sollte alle Konsequenzen durchdenken. Ich bin von ganzem Herzen ein Katzenmensch und hätte, genau wie Filippa, gern eine eigene. Wir haben auch schon ein paarmal darüber gesprochen. Aber im Hinblick auf die surfenden Spatzen vor unserem Fenster fiel unsere Entscheidung bisher gegen ein Samtpfötchen aus. Denn wenn man den samtigen Vierbeinern die Vögel – wie bei uns – genau vor die Nase setzt, darf man sich nicht wundern, wenn sie sich mal einen schnappen, sofern sie flink genug sind. Trotzdem: Der größte Feind unserer Vögel ist und bleibt immer noch der Mensch, der die Natur zerstört, vor allem durchintensive Landwirtschaft.

Shit happens!

Für seinen Hund erntet man gern bewundernde Blicke. »Was für ein schönes Tier!«, hörte ich schon im Biergarten, in Hotels oder wo auch immer ich mit einem meiner Vierbeiner auftauchte. Ich nehme meine Hunde überall mit, da kenne ich nichts. Mein Deutsch Drahthaar Ero begleitete mich zum Beispiel nicht nur auf die Jagd, sondern auch auf Theatertournee. Das funktionierte meist alles wunderbar.

Nur einmal gab es ein peinliches Erlebnis, das mir in all seinen Details sehr eindrücklich in Erinnerung geblieben ist. Meine verstorbene Frau Angela entstammte einer adligen Familie: Ihre Großmutter war eine Prinzessin von Thurn und Taxis, ihre Mutter eine Gräfin von Görtz, ihr Vater entstammte dem Adelsgeschlecht der von Morgens. Angela wuchs in der Grafschaft Schlitz zwischen Frankfurt und Kassel auf, wo ihre Familie mehrere Burgen und Höfe besaß.

In den 1980er-Jahren war ich mit Ero bei einer von Angelas Verwandten zu Besuch, einer Gräfin mit prunkvollem Wohnsitz. Ero und ich durften in einem feudalen Gästezimmer übernachten, in dem auch ein Hundekörbchen auf dem edlen Parkettboden stand. Doch Ero begeisterte sich viel mehr für das übergroße cremefarbene Polsterbett, das fast eine ganze Wandbreite einnahm. Kaum hereinspaziert, nahm er Anlauf, sprang sofort hinauf und rollte sich genüsslich hin und her. Ich ließ ihn gewähren, denn meine Hunde dürfen ruhig mal mit ins Bett. Da bin ich nicht so, schließlich muss man auch gönnen können, lautet meine Devise. Außerdem ging es Ero sichtlich gut dabei.

Anfangs zumindest. Am nächsten Tag leider nicht mehr. Gerade als er es sich wieder im Polsterbett gemütlich machen wollte, hatte er einen bösen Dünnpfiff-Anfall. Ich erspare uns allen an dieser Stelle die unschönen Details und sage nur so viel: Als ich aus dem Badezimmer kam, war das Bett alles andere als cremeweiß.

Shit happens! Das sage ich mir stets in solchen Situationen. Ich hätte vor Scham im Boden versinken oder ewig darüber grübeln können, wie ich dieses Malheur hätte verhindern können. Stattdessen ging ich zur Gastgeberin, erklärte ihr geradeheraus die Lage, entschuldigte mich überschwänglich und bestellte ihr so schnell wie möglich ein komplett neues Bett. So etwas passiert eben. Das ist tierisch. Das ist menschlich.

Statt sich für etwas zu schämen, das sowieso nicht mehr zu ändern ist, setze ich auf möglichst schnelle Schadensbekämpfung. Und dann: Schwamm drüber!

Fünf Uhr! Aufstehen! Rennbahn!

Der Fahrtwind pfiff mir eisig um die Ohren, die Straßen waren noch ganz leer. Als 16-Jähriger stand ich zweimal pro Woche bereits um fünf Uhr morgens auf, um mit meinem Moped zur Trabrennbahn nach Daglfing zu düsen.

Zu diesem Zeitpunkt hatte ich bereits Theaterengagements hinter mir, außerdem arbeitete ich beim Kinderfunk und drehte meine ersten Fernsehfilme. Ein Mann, den man heute als Casting-Agenten bezeichnen würde, hatte mich ja schon mit elf Jahren auf dem Flur des Wittelsbacher Gymnasiums entdeckt. Die Welt der Schauspielerei gefiel mir, doch es gab noch eine zweite Leidenschaft in meinem Leben: das Reiten.

Ein Filmproduzent, den ich kennengelernt hatte, bekam das mit. Weil er mir offensichtlich vertraute, fragte er mich, ob ich nicht Lust hätte, seine Rennpferde zu bewegen. Denn denen reichte die Teilnahme an Wettrennen und das Training dafür nicht. Pferde haben ein Grundbedürfnis nach Bewegung, das ein guter Halter stillen muss. Für mich war diese Anfrage eine große Ehre! Natürlich sagte ich »Ja«. Ein junger Kerl wie ich, der bisher nur auf dem »Dicken« geritten war, durfte auf einmal mit echten Rennpferden über eine echte Rennbahn galoppieren. Irrsinnig aufregend!

Mein erstes Pferd hieß Christopher. Der war so hitzig, dass er kaum Schritt gehen konnte. Er tippelte, sobald er aus der Box kam. Ein starkes Pferd, das mich forderte und mich so zu einem stärkeren Reiter mache. Auf der Bahn verschmolzen Christopher und ich. Unsere Augenblicke im Morgengrauen wurden gefühlt zur Ewigkeit. Wenn ich wieder auf mein Moped stieg, war ich unglaublich aufgekratzt und stolz.

Beziehungen zu Menschen sind wichtig. Aber auch die Gesellschaft von Tieren lässt uns Kraft tanken und wachsen. Daher habe ich in meinem Leben immer dafür Platz geschaffen, auch wenn mein Kalender noch so voll war.

Die Welt der Schauspielerei gefiel mir, doch es gab noch eine zweite Leidenschaft in meinem Leben: das Reiten.

Heilende Hände, heilende Pfoten

Aron und ich waren ein Gespann, eine Einheit. Wir suchten und brauchten die Nähe des anderen. Aron hatte so seine Gepflogenheiten: Wenn ich am Tisch saß, legte er seine Schnauze in meinen Schoß, wurde ich am Set geschminkt, entspannte er zu meinen Füßen. Sah ich zu Hause im Wohnzimmer fern, die Füße hochgelegt, dann kam er an und legte seinen Kopf auf meine Beine. Dabei seufzte er zufrieden aus seinem tiefsten Inneren heraus.

In einem Hunderatgeber las ich einmal, man solle seinen Vierbeiner nicht zu intensiv anstarren, denn das sei eine Form der Provokation und für das Tier höchst unangenehm. Das habe ich nie verstanden. Denn ein Großteil der Zeit, die Aron und ich miteinander verbrachten, war davon bestimmt, dass wir uns anschauten. Wir sahen uns in die Augen, das war unser Reden. Unsere Form des Glücks und der Liebe zueinander.

Japanische Wissenschaftler der Azabu University in Sagamihara haben nachgewiesen, dass Blicke zwischen Mensch und Hund eine ähnliche Wirkung haben wie die zwischen Mutter und Kind. Bei allen Beteiligten wird Oxytocin, das auch Bindungshormon genannt wird, ausgeschüttet.

Zwischen uns hätte die Verbindung nicht enger sein können. Ich herzte und streichelte Aron, umarmte ihn oft mit beiden Armen, um ihm zu zeigen, wie gern ich ihn hatte. Darum liebe ich das Foto auf dem Titel dieses Buches. Es zeigt genau einen dieser wunderbaren Momente zwischen Aron und mir. Besonders gefallen hat es ihm, wenn ich ihn am ganzen Körper abklopfte.

Ich bin nicht esoterisch veranlagt, aber als ich einen Artikel über Chakren bei Hunden las, wurde ich hellhörig. Chakren sind laut indischer Heilkunde und Traditioneller Chinesischer Medizin

Energiezentren, die sich durch unseren gesamten Körper erstrecken. Menschen haben sieben Hauptchakren, Hunde noch eines mehr: das sogenannte Schlüsselchakra. Es befindet sich beidseitig im Bereich der Schulter – also genau dort, wo man als Hundebesitzer intuitiv hinklopft, wenn man sein Tier zwischendurch belohnen oder wertschätzen will.

Dieses achte Chakra wurde von der berühmten Tierheilerin Margrit Coates entdeckt, die schon einige Bücher darüber geschrieben hat, wie man Hunde, Katzen oder Pferde mithilfe der Hände therapieren kann. Nach Aussagen der Britin ist das Schlüsselchakra mit allen anderen Chakren im Körper verbunden, jeder Heilungsprozess sollte hier eingeleitet werden. Im besten Fall fließt die Energie ungehindert durch alle Chakren hindurch. Doch Ängste, Stress oder Schmerzen können für Blockaden sorgen, und das führt zu weiteren körperlichen oder seelischen Beschwerden.

Ob ich nun blockierte Chakren geöffnet habe, oder Aron es einfach mochte, wenn ich ihn abklopfte, streichelte und meine Hand auflegte – dadurch, dass er es so genoss, wurde mir noch klarer, wie wichtig Berührungen und Blicke sind, die von Herzen kommen. An manche erinnern wir uns das ganze Leben lang! Wir sollten also nicht damit geizen.

Ich kann heute noch nachfühlen, wie es war, als ich 1989 Sammy Davis jr. begegnete. Wir lernten uns kennen, als er zusammen mit Frank Sinatra und meiner Freundin Liza Minnelli in München auftrat. Auf dem Fensterbrett in meinem Esszimmer steht ein Schwarz-Weiß-Foto von diesem Abend, darauf bin ich mit Sammy Davis jr. zu sehen. Wir sind Schulter an Schulter tief im Gespräch versunken. Seine Hand liegt auf meiner. Wir verstanden uns augenblicklich! Wenn ich dieses Bild anschaue, ist das für mich jedes Mal wie eine seelische Umarmung.

Meiner Mutti hielt ich bis zur letzten Sekunde die Hand, als sie 2009 an den Folgen eines Krankenhauskeims starb. Das heißt, richtig festgehalten habe ich sie in diesem Fall nicht: Man legt seine Hand nicht auf die eines Sterbenden, man schiebt sie darunter. Damit derjenige loslassen kann. Und das hat meine Mutter dann auch getan. Da war sie 89 Jahre alt. Das letzte, was sie spürte, war eine liebende Berührung.

Die schenkte mir auch Aron, wenn er spürte, dass ich sie dringend brauchte: Nach dem Tod meiner Frau Angela Anfang 2019 konnte ich aus Arons Verhalten ablesen, dass er Anteil nahm und spürte, was los war.

Zwischen uns hätte die Bindung nicht enger sein können.

Warum ich mir eine Elefantenherde im Schlafzimmer halte

Mein Schlafzimmer am Tegernsee ist wie ein heiliger Lebensschrein. Dort stehen und hängen neben zahlreichen Familienfotos auch Souvenirs aus aller Welt: zum Beispiel indianische Kachina-Puppen, die ich aus Amerika mitgebracht habe, eine marokkanische Messinglampe oder Tusche-Zeichnungen aus China.

Ein niedriger Holztisch mit kräftigen Beinen ist die Heimat meiner Elefantenherde. Über 70 kleine und größere Tiere habe ich auf meinen Reisen zusammengetragen. Aus Holz, Onyx, Bernstein und Glas, es ist sogar ein afrikanisches Exemplar dabei, das aus einer Blechdose gefertigt wurde. Meine Tochter Filippa hat in der Schule einen Elefanten aus Ton geformt und mir ganz stolz überreicht. Leider ist ihm schon ein Bein abhandengekommen, daher kippelt er leicht, aber seine Artgenossen drumherum beschützen ihn.

Elefanten faszinieren mich, weil wir viel gemeinsam haben: Sie sind dickhäutig, aber dennoch sensibel. Dank feinfühliger Druckrezeptoren an ihren Fußsohlen und der Rüsselspitze können sie mit Artgenossen innerhalb eines Radius von bis zu 50 Kilometern kommunizieren. Elefanten erzeugen Infraschalllaute, das sind Töne, die so tief sind, dass Menschenohren sie nicht wahrnehmen können. Forscher haben allerdings mithilfe von Spezialgeräten herausgefunden, dass diese Signale bis zu 103 Dezibel erreichen, also lauter sind als ein Presslufthammer. Zwar beherrsche ich nicht eine solche »Geheimsprache«, doch spüre ich schnell, wenn Freunde oder Verwandte meine Hilfe brauchen. Unsere Herzen sind in Kontakt – egal, wo ich bin.

Elefanten sind außerdem Familientiere. Sie leben in Herden von manchmal mehr als 100 Tieren zusammen: Innerhalb der

Herde gibt man aufeinander acht, Zusammenhalt steht an erster Stelle. Und genauso ist es auch in meiner Familie: Droht von außen irgendeine Gefahr, gibt es einen unerschütterlichen Schulterschluss. Wir sind füreinander da, was immer auch geschehen möge. Da halten wir es wie die Elefanten.

Was meine Dickhäuter alle gemeinsam haben: den Richtung Himmel zeigenden Rüssel. Das soll Glück bringen, hat mir jemand erzählt. Ich würde sagen, bei mir hat es funktioniert. Ich bin am 17. August 1941 um 7.50 Uhr geboren. Ein wahrhaftiges Sonntagskind! Und ich habe mich auch immer als ein solches gefühlt. Trotzdem sammle ich weiter fleißig Elefanten. Denn Glück kann man schließlich nie genug haben.

Ich bin nicht abergläubisch, aber ich glaube. Das hängt wohl mit meinem Beruf zusammen. Im Theater spielt der Aberglaube eine große Rolle: Man darf zum Beispiel auf keinen Fall pfeifen – denn das könnte dazu führen, dass man auf der Bühne ausgepfiffen wird. Auch unerwünscht: mit eigenem Hut über die Bühne zu gehen. Denn das Credo lautet: Hut ab vor dem, was dort die Schauspieler leisten! Natürlich wünscht man sich vor der Vorstellung auch nicht »Viel Glück«, sondern sagt »toi, toi, toi« und spuckt sich dabei gegenseitig über die linke Schulter. Das kommt von »Teufel, Teufel, Teufel« und ist quasi eine Formel gegen böse Geister. An diese Regeln halte ich mich, seit ich mit elf Jahren zum ersten Mal im Kinderstück »Peter Pan« auf der Bühne stand. Die einen nennen es Aberglauben, für mich sind es Rituale, an die ich glaube. Rituale, die mir ein Gefühl der Beständigkeit geben. Sie stärken, machen Mut. Und da wären wir wieder bei den Elefanten.

Denn auch sie kennen Rituale: Stirbt ein Familienmitglied, halten die anderen Tiere aus der Herde Totenwache. Sie marschieren, wenn es sein muss, sogar kilometerweit, um dies zu tun. Kein Weg ist ihnen zu weit. Sie stehen da, auch in der größten Hitze, um ihrem Artgenossen ein letztes Mal Respekt und Liebe zu zollen. Ist das nicht (be-)rührend?

Meine Elefantenherde erinnert mich Tag für Tag an das,
was zwischen Menschen und Tieren zählt: Liebe,
Feingefühl und Respekt.

Freundschaftspfote mit Folgen

Gehe ich in meiner Tierliebe zu weit? Ich glaube nicht. Doch ab und zu hätte ich durchaus ein bisschen vorsichtiger sein können. Das lernte ich im Mai 2011, als mir eine »Freundschaftspfote« von Aron beinahe zum Verhängnis geworden wäre.

Wir waren wie so oft gemeinsam im Auto unterwegs und ich ließ es zu, dass Aron seinen Kopf auf der Armlehne neben mir platzierte. Als wir an einer roten Ampel standen und ich gerade woanders hinschaute, streckte er freundschaftlich eine Pfote nach vorne und ich erschrak. Ohne zu überlegen, zog ich meinen Arm weg, und so verpasste mir Aron aus Versehen einen Kratzer am rechten Unterarm. Hätte ich die kleine Wunde gleich desinfiziert, wäre es damit auch erledigt gewesen. Aber ich habe das bisschen Blut nur mit einem Taschentuch abgetupft und nicht mehr weiter über die ganze Sache nachgedacht.

Zu der Zeit wohnte ich zusammen mit Sanne in München. In der Nacht vor dem ersten Drehtag zu einer neuen Staffel »Um Himmels Willen« tat die Stelle am Arm auf einmal merklich weh. Sanne stellte fest, dass ich erhöhte Temperatur hatte und sagte: »Fritz, das musst du morgen früh gleich anschauen lassen. Vielleicht hast du Fieber, weil sich der Kratzer entzündet hat.« Gerade am ersten Drehtag nach einer längeren Pause will man natürlich topfit sein und auf gar keinen Fall den Drehfluss durch Sonderaktionen stören. Dennoch bat ich einen Arzt, in die Bavaria Filmstudios zu kommen und mich kurz zu untersuchen. Er verband meinen Arm.

Irgendwie überstand ich den Drehtag, obwohl ich mich nicht gut fühlte. Nach Drehschluss ließ ich mich in eine chirurgische Klinik fahren und wurde dort mit einer Packung Antibiotika und der Empfehlung, mich auszuruhen, nach Hause geschickt. Dort angekommen, sagte Sanne: »Fritz, du gefällst mir gar nicht.« Aber ich legte mich aufs Bett und wollte einfach nur schlafen. Sannes Alarmglocken mussten sehr stark geläutet haben, denn sie sagte: »Fritz, ich kann nicht die Verantwortung dafür tragen, dass du ohne weitere Untersuchung heute Nacht hier bist.« Sie bestand trotz meines Widerstands vehement darauf, dass wir noch mal in eine andere Klinik fahren sollten oder mich ein befreundeter Arzt bei uns zu Hause untersuchte. »Er stand wenige Minuten später vor meinem Bett und ließ mich wegen des Verdachts auf Blutvergiftung sofort ins Krankenhaus einweisen. Am nächsten Morgen machte ein Arzt Sanne gegenüber die Lage noch einmal deutlich: »Wenn Fritz nicht in die Klinik gekommen wäre, hätte er die Nacht nicht überlebt.«

Aufgrund der Schwere der Sepsis kämpften die Ärzte die folgenden 14 Tage um mein Leben. Mein Arm war zum Teil schon nekrotisch, also abgestorben. Nur durch eine Operation konnte er überhaupt gerettet werden. So hat Sanne mir durch ihre Aufmerksamkeit und Beharrlichkeit das Leben gerettet.

Aron gab ich für das Geschehene keine Schuld. Ich war eher sauer auf mich, weil ich die anfängliche Verletzung nicht ernst genug genommen hatte.

Aber durch dieses lebensbedrohliche Ereignis machte es dennoch »Klick« in meinem Kopf. Mir wurde klar: Auch, wenn Mensch und Tier sich noch so vertraut sind, sollte man gewisse Risiken nicht aus den Augen verlieren. Bestimmte Grenzen muss man einfach setzen. In meinem Fall sah das so aus, dass ich Aron ab sofort hinten mit einem Spezialgurt anschnallte, sodass er auf Autofahrten nicht mehr nah an mich herankommen konnte.

Seine Freundschaftspfote durfte er mir natürlich weiterhin geben – aber erst, nachdem wir angekommen waren und der Motor nicht mehr lief.

Auch wenn Mensch und Tier sich noch so vertraut sind, sollte man gewisse Risiken nicht aus den Augen verlieren.

Die Botschaft der Wölfe

Fast vier Wochen lang war sie durch die Regenwälder und die unberührte Wildnis an der Westküste Kanadas gestreift, die ich selbst von vielen Reisen durch dieses Gebiet gut kenne. Sie war durch Flüsse gewatet, über Felsen geklettert und hatte schließlich Stunden um Stunden auf einer Wiese liegend zwischen hohen Gräsern ausgeharrt, um eine Wolfsart zu finden, die bislang noch keinerlei Berührung mit dem Menschen gehabt hatte. Dann war das Rudel endlich da. Ein grauweißer Wolf nach dem anderen trabte auf die Wiese, umkreiste und beschnupperte die Biologin Gudrun Pflüger. Kein Knurren, keine Aggression, nur ein Beäugen und Umtänzeln. Eine friedliche Kontaktaufnahme.

»Auf der Spur der Küstenwölfe« heißt die TV-Doku, aus der diese Szene stammt. Man kann sie noch online schauen und das empfehle ich jedem, der sich für Tiere interessiert. Denn in dem Material, das die Österreicherin aus Kanada mitbrachte, ist eine Beziehung im Urzustand zu sehen: rührende Sequenzen voller Unschuld, in denen Wölfe den Menschen noch nicht als natürlichen Feind wahrnehmen.

Ein absoluter Gänsehautmoment! Aber nicht der einzige. Wenige Wochen nach ihrer Rückkehr erhielt Gudrun Pflüger eine erschütternde Diagnose: Ärzte fanden in ihrem Kopf einen bösartigen Tumor. In dem Film, der mich sehr rührte, zitiert sie ein indianisches Sprichwort: »Ein Wolf zeigt sich dir nur, wenn er dir etwas mitteilen will.«

Sie deutete es so, dass ihr die Wölfe Kraft und Ausdauer mitgeben wollten für die harte Zeit, die ihr noch bevorstand, ohne dass sie zum damaligen Zeitpunkt schon davon wusste oder etwas ahnte. Drei Jahre lang kämpfte Gudrun Pflüger gegen den Krebs.

Und siegte. Die Wolfskraft war mit ihr! Der Glaube daran machte sie stärker als je zuvor.

Der Wolf ist der Urvater aller Hunde. Und ich bin fest davon überzeugt, dass auch Aron immer versucht hat, seine Kraft mit mir zu teilen, wenn ich sie brauchte. Mit jedem Blick, mit jeder Freundschaftspfote.

Mit Susanne und Filippa besuchte ich oft die Hafner Alm hoch über dem Tegernsee, die leider mittlerweile geschlossen ist. Die Wirtsleute bewiesen ihre Tierliebe, indem sie Katzen, Ponys, Hängebauchschweine, Ziegen und andere Tiere in einem Mini-Alpenzoo beherbergten. Auch verletzte Eichhörnchen oder Raben pflegten sie wieder gesund. Die größte Attraktion auf der Hafner Alm aber waren zwei Wolfshunde namens »Orca« und »Barney«. Ich streichelte sie und musste dabei unwillkürlich an Gudrun Pflüger denken.

Das Treffen zwischen den Alm-Wölfen und mir war gewiss nicht so außergewöhnlich wie ihre Wolfsbegegnung in Kanada, daher bin ich nicht sicher, ob die Tiere eine spezielle Botschaft für mich hatten. Aber ich nahm in ihren Augen eine Urkraft wahr, die mich bis tief ins Herz berührte. Wir Menschen sollten alles tun, um diese Urkraft zu bewahren und lebendig zu halten. Denn das kommt nicht nur den Tieren zugute, sondern letztendlich auch uns:

Die Natur ist eine große Heilerin.

Eine längst vergessene Verbindung

SUSANNE KELLERMANN

Filippa und Fritz auf der Hafner Alm im Umgang mit den Wolfshunden zu beobachten, war schon etwas Besonderes. Menschen und Wölfe haben einfach einen faszinierenden Draht zueinander. Und das ist kein Wunder, denn Wölfe waren schließlich die ersten Haustiere der Menschen.

Wann sie domestiziert wurden, darüber streiten sich die Forscher: Die einen gehen davon aus, dass es schon vor 40 000 Jahren geschah, andere meinen, es sei erst vor 15 000 Jahren soweit gewesen. Klar ist, dass der Wolf und der Mensch Partner wurden. Warum? Weil beide hochsoziale Wesen sind – die perfekte Basis für gegenseitiges Verständnis.

Dass dieses Band bis heute besteht, konnte auch ich spüren, an jenem Tag am Tegernsee, den ich mit einem Freund verbrachte. Bei ihm leben zwei Wölfe, die bereits als Welpen zu ihm gekommen sind und die er großgezogen hat. Zusammen mit den Tieren wanderten wir zu einem Berggasthof hinauf, durch dichten Wald und über weichen Erdboden hinweg. Es war das erste Mal in meinem Leben, dass ich Wölfen so nahekam und sie sogar streicheln durfte. Sie waren unglaublich kräftig, ihr Fell ganz dick und dicht. Und unglaublich zahm. Sie blieben immer eng an unserer Seite.

Zwischendurch kniete ich mich hin, um einen großen Pilz zu begutachten. Plötzlich streifte etwas Weiches meine Wange und ich spürte den warmen Atem eines der Tiere. Ich schaute nach links – direkt in ein Wolfsauge hinein. Und dachte mir: Jetzt müsste ich doch Angst haben! Aber der Wolf strahlte eine derartige Ruhe und Erhabenheit aus, dass ich mich überhaupt nicht fürchtete.

Später hörten wir ein Geräusch, ein Knacken von Ästen, und blieben alle vier gefühlt eine Ewigkeit lang stehen. Es war mucksmäuschenstill und wir lauschten gebannt den Geräuschen des Waldes. Aber da war noch etwas anderes: Ich fühlte, dass irgendwo in meinem Gehirn ein Areal aktiviert wurde, das lange stillgelegt war. Ein Areal, das für die Kommunikation mit Wildtieren zuständig ist – oder überhaupt mit der Natur. Es kam mir so vor, als würden wir uns auf einer plötzlich freigeschalteten Ebene alle miteinander unterhalten, ohne dass auch nur ein einziges menschliches Wort gefallen wäre.

Ich glaube, dass es in unseren Köpfen noch irgendetwas gibt, das Mensch und Wolf vor sehr langer Zeit eng verbunden hat. Etwas Archaisches. Gut möglich, dass später genau daraus das ganz besondere Verhältnis zwischen Menschen und Hunden entstand.

Aber der Wolf strahlte eine derartige Ruhe und Erhabenheit aus, dass ich mich überhaupt nicht fürchtete.

Manchmal erzieht der Hund den Menschen

Bin ich ein Perfektionist? Oder besonders ehrgeizig? Nicht mehr als andere, würde ich sagen. Aber es ist mir schon wichtig, die Aufgaben, die mir das Leben stellt, möglichst gut zu bewältigen.

1980 machte ich einen Hundeführerlehrgang, um mit meinem Deutsch Drahthaar Ero die Meisterprüfung eines Vorstehhundes (Verbandsgebrauchsprüfung) selbst durchführen zu können. Dieser Grundkurs dauerte ein halbes Jahr, man lernt in dieser Zeit unter anderem, dem Hund wichtige Kommandos beizubringen und ihn mit Schweißfährten für die Jagd zu trainieren. Die Prüfung, bei der besonders auf den Gehorsam des Tieres geachtet wird, bestand ich. Aber nicht summa cum laude, das war für mich gefühlt eine Katastrophe! Ich hatte mich von einem der Prüfer buchstäblich auf eine falsche Fährte locken lassen und nicht auf meinen Bauch gehört, sonst hätte ich besser abgeschnitten. Das ärgerte mich maßlos.

Eros Verbandsgebrauchsprüfung legten wir danach immerhin mit vollem Erfolg ab, und ich war stolz, mit ihm an Jagden teilzunehmen – jetzt, wo er offiziell seine Brauchbarkeit dafür unter Beweis gestellt hatte. Hubert Burda lud mich ein und ich trat erwartungsvoll mit Ero an. Doch kaum waren wir in einen wundervollen Wald abgetaucht, lief alles anders, als ich es mir vorgestellt hatte. Denn nicht ich führte Ero an der Leine, sondern er mich. Ich schrie aus Leibeskräften die Kommandos, die wir monatelang zusammen einstudiert hatten:

»Halt!« – sofort hinsetzen

»Down!« – hinlegen und den Kopf auf dem Boden zwischen die Vorderläufe platzieren

»Fuß!« – auf Schulterhöhe an meiner Seite gehen

Aber was auch immer ich für einen Befehl zwischen den in den Himmel ragenden Baumstämmen hindurchschmetterte, Ero hörte nicht auf mich. Ich konnte machen, was ich wollte! Er gab das Tempo auf dem mit Laub bedecktem Waldboden vor, ich hechelte verschwitzt und verschämt hinterher. Ich muss wohl nicht dazusagen, dass ich an diesem Tag zum großen Gespött der anderen Jagdteilnehmer wurde. »Wer ist denn hier der Hund?«, frotzelte einer, während mir schon die Zunge heraushing. Ich fühlte mich in diesem Moment nicht wie ein Hund, sondern wie ein Schüler. Und Ero war mein Lehrer. Die Rollen hatten sich vertauscht, wie das eben manchmal ist im Leben. Auf einmal erziehen nicht wir unsere Hunde, sondern sie uns.

Ero wollte mir anscheinend eine Lehreinheit in Gelassenheit verpassen. Sein Unterrichtsthema lautete: Wie gehe ich möglichst entspannt mit unerwarteten Situationen um? An diesem Tag habe ich Eros Test nicht bestanden. Aber seine Lektion trug langsam Früchte und ich wurde immer besser darin, mit Situationen umzugehen, in denen es erstens anders kommt und zweitens als man denkt.

Die Rollen hatten sich vertauscht, wie das eben manchmal ist im Leben.

Kann man Tierliebe erben?
Meine Familie ist der beste Beweis!

Meine Liebe zu Tieren ist genetisch bedingt. Bei meiner Vorgeschichte konnte es gar nicht anders kommen. Denn in meiner Familie zählte die Tierliebe immer schon zu den willkommen geheißenen Werten, die einen Menschen zu einem besseren machen.

Mein Großvater väterlicherseits war gut betucht. Ihm gehörten zwei kleine Kaufhäuser in München, und er konnte sich ein stattliches Jugendstilhaus mit Speiseaufzug in der Tizianstraße im Stadtteil Gern leisten. Seinem Sohn, also meinem Vati, schenkte er die »Kleine Stadt«, eine Ansammlung liebevoll bemalter Häuschen, Türme und Mauern aus Holz, die ich noch heute besitze – genau wie einen hölzernen Bauernhof meines Vaters, mit rotem Dach, sonnengelbem Giebel und weißen Wänden. In den Stallboxen wohnen winzige Kühe, Hühner, Pferde, Schweine, ein Hund und eine Katze. Auch meine Tochter Filippa hat im Kindergartenalter sehr gern damit gespielt. Es war ihr erster Schritt in die Welt der Tiere.

Einen besonderen Schatz habe ich meiner Großmutter väterlicherseits zu verdanken, die wir »Oma München« nannten – analog zu »Oma Mering«, die im gleichnamigen Dorf nordwestlich von München lebte. Oma München hatte ein Familienalbum mit anthrazitfarbenem Einband und Seiten aus dickem Kartonpapier angelegt. Mit viel Hingabe befüllte und be-

schriftete sie alles. Auf einer Seite ist mein Vati an Weihnachten 1918 im Alter von etwa zweieinhalb Jahren zu sehen. Und im Arm hält er nicht etwa seine Geschenke, sondern seinen Schäferhundmischling Lux! Dieses Foto treibt mir Tränen in die Augen, denn vielleicht empfand Vati ja vor über 100 Jahren seinem Lux gegenüber eine ebenso große Liebe wie ich für meinen Aron. Ich wünsche mir, dass es so war. Denn wenig auf der Welt fühlt sich besser an als eine solch innige Verbindung. Wir hätten über dieses Thema sicher viele intensive Gespräche führen können, wäre er aus dem Krieg je wieder zurückgekommen.

Mein Vati scheint viele Jahre mit Lux verbracht zu haben, denn auf einem anderen Foto ist er schon viel älter und überragt seinen Hund fast um zwei Kopflängen. Wie schön, dass er so einen treuen Begleiter hatte. Es scheint außerdem nicht sein einziger gewesen zu sein: Während ich erst mit neun Jahren zum ersten Mal im Sattel saß, war es Vati schon mit knapp drei Jahren vergönnt. Mein Großvater, selbst ein begeisterter Reiter und Pferdebesitzer, unterstützte ihn bei seinen ersten Ausritten entlang der Mauer, die um den Park von Schloss Nymphenburg herumführt. »Das Glück der Erde liegt auf dem Rücken der Pferde«, lautet ein bekanntes Sprichwort. Mein Vater macht auf dem Foto ein Gesicht, als würde er genau so empfinden. Wie schade, dass er nicht miterleben konnte, wie viel Spaß auch mir das Reiten später bereitet hat.

Jetzt gibt es natürlich Menschen, die sich fragen: Wenn der Wepper so ein Tierfreund ist, wie kann er dann gleichzeitig ein Jäger sein? Aber für mich schließt das eine das andere nicht aus. Denn als ich mit 38 Jahren meinen Jagdschein machte, lernte ich dabei auch unglaublich viel über Anatomie und Lebensweise von Tieren, Natur- und Artenschutz.

Ich war nie ein Schießer, sondern vielmehr ein Heger. Ich tötete Tiere nur dann, wenn es nötig war. Im hessischen Jagdrevier beispielsweise, das der Familie meiner Frau Angela gehörte, musste regelmäßig Rehwild erlegt werden. Denn der Tisch in der Natur ist nur für eine begrenzte Zahl von Tieren gedeckt. Wächst der Wildbestand unkontrolliert, ist nicht mehr genug Nahrung für alle da.

In Namibia machte ich während der Dreharbeiten für eine Folge von »Um Himmels Willen« mit einem Berufsjäger Jagd auf Impalas, eine afrikanischen Antilopenart. Auch bei diesem Ausflug gingen wir mit Sorgfalt und Bedacht vor. Mein Begleiter suchte gezielt Tiere aus, um wiederum insgesamt einen gesunden Wildbestand zu sichern. Die Jagd auf die «Big Five» – das sind Elefant, Nashorn, Büffel, Löwe und Leopard – lehne ich dagegen entschieden ab. Diese Tiere beobachte ich nur gern aus der Ferne, voll tiefer Demut vor ihrer Schönheit, die es zu schützen gilt. Und diese Demut habe ich auch immer meinen Kindern vermittelt.

Meine Tochter Valerie war zwölf, als ich mit ihr auf einem Hochsitz saß, und etwas Tolles passierte: Von links kam eine Waschbärin herangezuckelt, gefolgt von vier Babys. Wir kamen uns vor wie in einem Walt-Disney-Film! Mucksmäuschenstill verfolgten wir, wie die Waschbärenfamilie über Stock und Stein krabbelte und schließlich im Unterholz verschwand. Meine Schwiegermutter, Margarethe Gräfin von Schlitz, saß neben mir und stieß empört hervor: »Aber Fritz, warum hast du nicht geschossen?« Ich antwortete: »Mami, erstens schieße ich in Gegenwart meiner Kinder nicht. Und dann schießt man auch kein Muttertier mit seinen Kleinen.« Die Gräfin war pikiert, aber ich bestand auf meinen Prinzipien.

Valerie hat kürzlich ihren Jagdschein gemacht und mich jede Woche angerufen. Wir haben ein bisschen gefachsimpelt. Sie sagte, ich habe ihr alles, was sie für die Prüfung lernen müsse, schon in der Kindheit und Jugend nähergebracht. Wir sind eben eine richtige Tierfamilie: Alle meine Töchter reiten, Sophie spielte 2013 sogar einmal bei den Karl-May-Festspielen in Bad Segeberg mit, als Schwester von Winnetou. Alle Kinder, und auch mein Bruder Elmar, leben heute mit Hunden.

Und ich? Ich bin sowieso ganz auf Vierbeiner eingestellt. Die Hausnummer meiner Wohnung in München lautet hundertzwölf. Bei mir heißt sie aber Hundezwölf. Ich fahre in die Hundezwölf, ich übernachte in der Hundezwölf. Das klingt doch gleich viel einladender, oder nicht?

Ich war nie ein Schießer, sondern vielmehr ein Heger.

2 Jahre 7 Monate — Weihnachten 1918.

Fritzi und sein Lux.

Wo die Milch herkommt ...

Tiere sind wertvoll und halten uns am Leben – das wurde mir als Zehnjährigem auf dem Bauernhof meines Onkels Ludwig in Althengstett im Schwabenländle erstmals bewusst. Dort half ich während der Sommerferien bei der Getreideernte: Ich stapfte barfuß hinter einem wuchtigen Karren her, den ich allein nie hätte ziehen können. Diese Arbeit übernahm eine kräftige Kuh scheinbar mühelos. Während sie zog, sammelte ich auf dem Feld die Garbenbüschel ein, die die Schnitter vorher fein säuberlich zusammengebunden hatten. Eine schweißtreibende Arbeit. Einmal ratterte der Wagen zu schnell über eine Bodenwelle und wackelte dabei so, dass etliche Garbenbüschel herunterfielen. Das gab vielleicht ein Donnerwetter von Onkel Ludwig!

Nach getaner Arbeit freute ich mich auf die Brotzeit. Sie bestand aus groben Brotwürfeln, zu denen wir dicke Scheiben Presssack verspeisten. Köstlich! Genau wie der Zwiebelkuchen, den ich mit Tante Hedwig backte. »Fritzle, mir tun a Zwiebelblooz backe«, sagte sie und ich folgte ihr zu einem Backhaus mit riesigem Ofen, das man mieten konnte. Der Zwiebelkuchen war etwas ganz Besonderes, er kam glühend heiß aus dem Ofen und duftete herrlich. Es fiel mir unglaublich schwer zu warten, bis er so weit abgekühlt war, dass ich hineinbeißen konnte.

Tante Hedwig und Onkel Ludwig brachten mir auch das Melken bei, das mir unglaublich viel Spaß machte. Heute haben viele Kinder ja leider keine Ahnung mehr, wo die Milch wirklich herkommt. Sie kennen sie nur aus dem Karton oder der Flasche und denken, dass Kühe lila sind. Ich lebte damals den ganzen Alltag eines Landwirts mit und empfinde seitdem eine andere Dankbarkeit für Natur und Tiere. Besonders bei jedem Schluck Milch, den

ich trinke. Gut gekühlt mag ich sie am liebsten, dazu eine Butter-
brezn, das ist eine unschlagbare Kombination!

Ich empfinde eine große Dankbarkeit für Natur und Tiere.

Seelenretter und Therapeuten

An meinen ersten Kuss mit 16 kann ich mich leider nicht mehr recht erinnern. An meinen ersten Delfinkuss dagegen schon! Die ganze Sache fühlte sich zwar eher an wie ein Tête-à-Tête mit einem nassen Gummistiefel – aber ich war trotzdem hin und weg.

Während verschiedener Segeltörns hatte ich Delfine immer wieder gern beobachtet. Wenn die pfeilschnellen Meeressäuger direkt vor dem Schiffsbug tollkühne Sprünge vollbrachten, sprang mein Herz vor Freude gleich mit. Für Seeleute sind Delfine ein Symbol der Hoffnung und des Trostes, manche bezeichnen sie sogar als Seelenretter.

Genau als solche werden sie an einigen Orten auf der Welt auch eingesetzt, nämlich überall dort, wo Delfintherapien angeboten werden. Wissenschaftlich ist dieses Vorgehen umstritten, es gibt keine Studien, die erzielte Heilungserfolge belegen. Doch als ich 2007 in der Dominikanischen Republik das erste Mal einem dieser Tiere ganz nahekommen durfte, hatte das einen einzigartigen Effekt auf mich. Delfine strahlen so viel Sanftmut und Liebe aus. Ich konnte mir gut vorstellen, dass sie – gerade bei der Behandlung kranker Kinder – wirkungsvolle Therapeuten sein können.

Es gibt Tiere, die unsere Seele heilen, das habe ich selbst miterleben dürfen. Der halbwüchsige Sohn eines befreundeten Fernsehproduzenten war unglaublich in sich gekehrt und unsicher. Erst als er anfing zu reiten, hat sich das gegeben. Der Junge bekam immer mehr Selbstbewusstsein und ging nachher richtig aus sich raus. Alles durchs Streicheln und Reiten, durch die besondere Kommunikation mit einem Pferd.

Darum war es mir auch so wichtig, dass meine Töchter reiten lernen – oder zumindest früh Kontakt zu Pferden bekommen. Filippa habe ich im Alter von drei Jahren auf ein Pony gesetzt. Ich hielt die Zügel, während sie im Schritttempo die ersten Meter zurücklegte. Ich will mich nicht in die Erziehung anderer Menschen einmischen, aber ich kann die Nähe zu Tieren nur allen Eltern empfehlen. Durch solche Begegnungen entwickelt man Vertrauen in andere Lebewesen – und in sich selbst.

Meine besondere Liebe und Wertschätzung für Tiere zeichnete sich übrigens schon im Kleinkindalter ab, als ich noch ein Bub in Lederhose war: Während beim Kasperletheater alle für den Kasper mitfieberten, war ich »Team Krokodil«. Mir tat der vermeintliche Bösewicht leid, weil er immer so viele Schläge vom Polizisten einstecken musste. Inszenierte ich mit meinem Bruder Elmar später selbst ein Stück, ging ich sehr respektvoll mit dem Krokodil um. Es bekam höchstens einen leichten Klaps von mir.

Es gibt Tiere, die unsere Seele heilen.

Wer hat hier die Zügel (und die Leine) in der Hand?

SUSANNE KELLERMANN

»Komm Filippa, nimm die Leine«, das ist so ein typischer Satz von Fritz. Er hat unserer Tochter von klein auf beigebracht, dass sie keine Angst vor Tieren haben muss. Sein erstes Geschenk für sie als Baby war ein überdimensionaler Plüschhund, mit dem Filippa noch heute gern kuschelt.

Bei einem gemeinsamen Bozen-Besuch drückte er ihr dann plötzlich Arons Leine in die Hand, obwohl sie damals gerade erst drei Jahre alt war und der Hund fast genauso groß wie sie. Für ein Foto signalisierte Fritz: »Daumen hoch – alles in Ordnung!« Doch mir rutschte ehrlich gesagt das Herz in die Hose. Ich hatte Angst, Aron könnte losrennen und Filippa hinter sich herziehen. Lieber war es mir, wenn die beiden zusammen Gassi gingen, Fritz aber dabei die Leine hielt. Dann konnte ich gar nicht genug Fotos von diesem niedlichen Trio schießen.

Wenn wir Fritz besuchten und die Klingel drückten, kam Aron als Erster die Treppe heruntergestürmt und schaute uns sehnsüchtig durch ein großes Fenster an. Der Schwanz wedelte förmlich mit dem Hund, so sehr hat er sich gefreut. Aron bellte, juchzte und war so aufgekratzt, dass Filippa sicherheitshalber auf meinen Arm flüchtete, sobald die Haustür aufging und er heraussprang. Arons Begrüßung war für ein so zierliches Mädchen wie sie ein bisschen zu stürmisch. Aber egal, wie wild Aron war, Filippa hat ihn geliebt. Sie schlang immer beide Arme um seinen Hals und drückte ihren Körper fest gegen sein Fell.

Sogar Kunststückchen wollte sie ihm beibringen. Dafür hielt Filippa eine Gerte von Fritz etwa kniehoch in einen Türrahmen und wies Aron an, darüberzuspringen. Auf der anderen Seite legte sie als Lockmittel ein Leckerli hin. Ein- oder zweimal sprang er auch über das Hindernis, bis er merkte, dass er genauso gut unten durchlaufen konnte. »Spring Aron, spring!«, rief Filippa. Er guckte sie an, duckte sich und flitzte zum Hundekeks. Auch wenn nicht jeder bekam, was er wollte, hatten doch beide riesigen Spaß an diesem Spiel. Aron war ein toller Gefährte für Filippa, besonders, als sie größer wurde.

Fritz stellte meine eher vorsichtige Art der Erziehung regelmäßig auf harte Proben: Wann immer sich die Gelegenheit bot, setzte er Filippa aufs Pferd, selbst wenn sie in meinen Augen dafür noch viel zu jung war. Aber das ist eben der Fritz. Er macht, was er will, auch wenn es anderen tierisch gegen den Strich geht. Gott sei Dank ist Filippa bisher nie etwas passiert. Aber das liegt meines Erachtens auch daran, dass es mir oft genug gelang, die Zügel doch wieder in die Hand zu nehmen.

Fritz macht, was er will, auch, wenn es anderen tierisch gegen den Strich geht.

No Woman, No Dog

»Es kommt mir kein Hund ins Haus!« So lautete 1979 die Ansage meiner Frau Angela. Da waren wir frisch verheiratet und lebten in Solln. Unser Haus stand in der Fröhlichstraße, doch die Stimmung war alles andere als das, nachdem ich das Thema »Hund« angeschnitten hatte. »Auf gar keinen Fall kommt mir ein Hund ins Haus«, betonte Angela.

Aber es ist meine Spezialität, Aussagen wie diese doch noch in ein »Na gut« umzuwandeln. Was blieb mir in diesem Fall auch anderes übrig? Ich musste Ero zu mir holen! Als ich ihn bei einem Züchter im Saarland entdeckte, habe ich mich gleich Hals über Kopf in ihn verguckt. Bei Angela hat es zugegebenermaßen ein bisschen gedauert mit der Hundeliebe. Ich sage es mal so: Über die Liebe zu mir hat sie am Ende auch zu Ero gefunden.

Ich bin den Frauen in meinem Leben unsagbar dankbar für ihre Unterstützung, was meine Hunde anbetrifft. Sie versorgten sie, gingen Gassi mit ihnen und waren immer für meine Tiere da, wenn ich es aus beruflichen Gründen nicht sein konnte. Ich war so viel auf Achse, dass ich einem Hund zeitlich allein nie hätte gerecht werden können. Ohne die richtigen Frauen an meiner Seite wäre dieser Traum nie in Erfüllung gegangen. Frei nach Bob Marley: No Woman, No Dog.

Zuerst nennen muss ich die Mutti. Sie kümmerte sich um unseren Cocker Spaniel Benny, als ich 1958 im Alter von 17 Jahren drei Monate lang im oberbayerischen Örtchen Cham am Dreh des Antikriegsfilm »Die Brücke« spielte. Am Set dröhnten echte Panzer durch Ruinen, und es wurde teilweise sogar mit richtiger Munition geschossen. Es war eine traumatisierende Welt aus Schutt und Asche. In die hätte ich Benny niemals mitgenommen – auch, wenn ich ihn abends sehr vermisst habe, weil ich mich einsam fühlte. An den Wochenenden fuhr ich nach Hause und holte alle verpassten Streicheleinheiten nach.

Mit 23 Jahren zog ich von zu Hause aus und hatte erstmals einen eigenen Haushalt. Ich wohnte in Grünwald auf 100 Quadratmetern. Mein neues Zuhause richtete ich hauptsächlich mit Antiquitäten ein, die mochte ich schon als junger Mann. Ich erstand unter anderem ein Bauernbett mit handgeschnitztem Kopfteil, einen Mahagoni-Couchtisch aus England und ein Tabakschränkchen mit Intarsien, in dem meine zwölf Pfeifen und sechs verschiedene Tabaksorten Platz hatten. Die rauchte ich dann vor dem lodernden Kamin, wenn ich überhaupt einmal zu Hause war. In meiner ersten eigenen Wohnung wäre zwar genug Platz für einen Hund gewesen, aber zu der Zeit drehte ich ein Fernsehspiel nach dem anderen, war erstmals für drei Monate unterwegs auf Theatertournee und erhielt 1964 den Bundesfilmpreis als bester Nachwuchsschauspieler im Kriegsdrama »Kennwort Reiher«. Es war so viel los in meinem Leben, und es gingen zeitgleich so viele Karriereträume in Erfüllung, dass ich den vom Hund erst einmal zurückstellen musste. Nach meiner Hochzeit mit Angela witterte ich meine Chance – und war danach ja auch fast zwei Jahrzehnte nie mehr ohne Hund.

Als Sanne und ich 2009 ein Paar wurden, beichtete ich ihr, wie gern ich noch einmal einen eigenen Vierbeiner besitzen würde. Bei diesem Geständnis sprang auch sie nicht gerade jubelnd an die Decke, doch ich konnte sie relativ zügig als Hundeverbündete gewinnen. Sanne kümmerte sich gerade anfangs viel um Aron, doch mit der Zeit steckte in der Beziehung zwischen ihr und Aron leider zusehends der Wurm drin. Ich weiß nicht genau, woran es lag. Aber ich glaube, sie war ein bisschen enttäuscht darüber, dass Aron sie nicht so heiß und innig liebte wie mich. Das hat dann wohl dazu geführt, dass sie sich von ihm abwandte.

Ich habe etwas Spannendes zu diesem Thema gelesen, das mich sehr beschäftigte: In einer Studie der Universität Bonn gaben 35 Prozent der 6000 befragten Hundebesitzer an, eine engere Beziehung zu ihrem Vierbeiner als zu einem Menschen zu haben. Eine an diesem Forschungsergebnis beteiligte Psychologin meinte, dass Eifersucht wegen eines Haustiers keine Seltenheit sei. Beim Hund sei sie sogar am wahrscheinlichsten, da sich kein anderes Tier seinem Besitzer so extrem anpasse und so intensiv mit ihm kommuniziere. Dass es sich bei Aron und mir genauso verhalten hat, belegen viele Kapitel in diesem Buch einwandfrei.

Umso mehr rechne ich es Sanne an, dass das für sie kein Trennungsgrund war und sie mich 2019 sogar geheiratet hat. No woman? No dog? Für mich beides unvorstellbar.

An den Wochenenden fuhr ich nach Hause und holte alle verpassten Streicheleinheiten nach.

Wüstenschiff mit Superkräften

Ich musste diese Szene einfach fotografieren. Dass ein Ägypter vor den Pyramiden von Gizeh sein Kamel auf den Mund küsst, war für mich Tierliebe pur! So ein Kuss steht ja auch für Wertschätzung. Und davon erhalten diese Tiere bei Weitem nicht genug. Hat jemand einen Fehler gemacht oder sich tollpatschig verhalten, heißt es im Volksmund gern mal »Du Kamel!« oder »Du Trampeltier!«. Dabei sollte man das eigentlich als Auszeichnung verstehen. Denn diese besonderen Tiere haben mehr auf dem Kasten, als viele denken. Sie sind wahre Überlebenskünstler!

Kamele können locker zehn Tage und mehr ohne Wasser auskommen und dann 200 Liter in nur 15 Minuten »auftanken«. Ihre Organe sind so ausgestattet, dass sie im Notfall sogar fähig sind, Salzwasser in brauchbare Flüssigkeit zu verwandeln. Bis zu 50 Kilometer können diese Tiere pro Tag auch in der größten Hitze zurücklegen und dabei ein Tempo von mehr als 60 km/h erreichen. Ich bin schon mehrfach auf Kamelen geritten, mal in Marokko, mal im Oman. Und jede dieser Touren war unvergesslich. Das Dahingleiten auf einem meditativ schwankenden Tier – so stark, so stolz – lässt einen ultimativ runterkommen. Du fühlst und begreifst, welche Wunder die Natur geschaffen hat.

Es gibt Völker, die diese Wunder wesentlich mehr zu schätzen wissen als andere. Mit diesen Menschen fühle ich mich besonders verbunden. In arabischen Ländern haben zum Beispiel auch Falken ein hohes Ansehen. Sie werden seit Tausenden von Jahren bei der Jagd eingesetzt. Oft ist das Verhältnis zwischen dem Besitzer und seinen Vögeln ungewöhnlich innig. Ich las kürzlich, dass ein saudischer Prinz 80 Tickets für seine Zuchtfalken kaufte, weil er nicht wollte, dass sie im Frachtraum transportiert werden. In den Arabischen Emiraten keine Seltenheit.

Liebhaber zahlen für wertvolle Falken bis zu 100 000 Euro. Auch diese Tiere haben Superkräfte: Wanderfalken erreichen im Sturzflug konkurrenzlose 340 km/h. Haben sie eine Beute im Blick, machen sie kurzen Prozess. Sie sind fliegende Jagdhunde! Allein deswegen faszinieren sie mich.

In Anbetracht solch unglaublicher Fähigkeiten frage ich mich schon, warum manche Menschen fest davon überzeugt sind, wir seien den Tieren überlegen. Der Ägypter, den ich in Gizeh traf, würde über diese kurzsichtige Einstellung sicher nur müde lächeln.

Das Dahingleiten auf einem meditativ schwankenden Tier — so stark, so stolz — lässt einen ultimativ runterkommen.

Wie ich versuchte, ein Hundemensch zu werden

SUSANNE KELLERMANN

Für die Liebe trifft man manchmal Entscheidungen, die man allein so nie fällen würde. Darum sagte ich Ende 2009 laut und deutlich »Ja« zu einem Hund. Fritz, mit dem ich damals seit wenigen Monaten zusammen war, erklärte, dass er nach langen Jahren ohne Hund unheimlich gern noch einmal einen Vierbeiner zu sich holen würde. Er hatte auch schon einen speziellen im Auge: den jungen Aron, dem er auf einer Jagd in Begleitung seiner Züchterin begegnet war.

Mein Ja zu Fritz war in diesem Fall ein Nein zu meinen eigenen Überzeugungen. Denn ich hatte bis dahin noch nie ein Haustier besessen. Ich liebe Tiere zwar, aber es widerstrebt mir, sie von mir abhängig zu machen und ihnen Befehle zu erteilen. Ich bewundere sie lieber in der freien Natur. »Sitz und Platz! Mach dies, mach das!«, das liegt mir nicht. Aber genau das braucht ein Hund, um sich wohlzufühlen. Wenn er weiß, was er darf und wo sein Platz ist, gibt ihm das ein Gefühl von Sicherheit. Das ist der geschützte Rahmen, in dem er sich entspannt bewegen kann. So erklärte man mir das jedenfalls.

Fritz war so begeistert von Aron und dermaßen euphorisiert, dass ich dachte: Gemeinsam kriegen wir das schon hin! Wir fuhren in Arons Heimat Schleswig-Holstein, um das Züchterpaar, bei dem er zu Hause war, zu überzeugen. Es stellte sich heraus, dass Aron ihr Star-Hund war und sie ihn eigentlich gern für sich behalten hätten. Daher zog mich Arons »Ziehvater« beiseite und stellte mir ein paar kritische Fragen: Wo genau würde Aron denn leben? Würde er auch genug Auslauf haben? Der Hund braucht Aufgaben!

Wer würde sich um ihn kümmern? Und bliebe Fritz trotz Dreharbeiten überhaupt genug Zeit für das Tier?

Hätte ich in dem Moment gesagt: »Unseren Alltag kann ich für Aron nicht empfehlen«, dann wäre er in Schleswig-Holstein geblieben. Aber ich tat alles, um Fritz seinen sehnlichen Wunsch zu erfüllen und betonte, dass wir das alles schaffen würden und Aron ein tolles Leben führen könnte bei uns. Da ahnte ich noch nicht, dass es durchaus Stunden geben sollte, in denen ich diese Sätze bereuen würde …

Als Aron 2010 zu uns kam, nachdem er erfolgreich alle seine Prüfungen als Jagdhund abgelegt hatte, war es so, als sei ein Kumpel von Fritz in unsere Münchner Wohnung eingezogen! Aron war ein sehr dominanter Rüde. Diese zwei starken Männer auf einem Haufen waren mir manchmal echt too much. Ich fühlte mich plötzlich wie in einer WG: Aron hing ständig mit Fritz zusammen und ich war nie mehr allein mit ihm. Wenn Fritz und ich doch mal nebeneinandersaßen oder Händchen hielten, zwängte Aron sich gleich dazwischen. Ein eindeutiger Fall von schwerer Eifersucht!

Dabei habe ich mich gerade anfangs viel um Aron gekümmert und bin stundenlang mit ihm spazieren gegangen. Ich sehe mich noch mit einem schicken Wollmantel durch Bogenhausen ziehen, Aron an der Leine. In einem Park ließ ich ihn frei laufen und stand mit den anderen Hundebesitzern am Rand. Es war ein ganz neues Gefühl für mich, bewundernde Blicke und Lob für »meinen« Hund zu ernten. Das hatte ich noch nie vorher erlebt. Einerseits gefiel es mir, andererseits wusste ich, dass ich nicht wirklich dazugehörte. Ich kam mir vor wie eine Spionin auf Undercover-Mission.

Ich habe versucht, das strenge Regiment beizubehalten, das Aron von seinen Züchtern her kannte. Ich verwendete ihre Handzeichen und Befehle, ließ Aron zum Beispiel auch nie zuerst in den Fahrstuhl einsteigen, sondern machte ihm klar, dass er mir zu folgen hatte. Aber Fritz weichte die Regeln, die die Züchter uns ans Herz gelegt hatten, immer weiter auf. Er fütterte Aron sogar am Esstisch, wovon ich schon aus rein hygienischer Sicht nicht wirklich begeistert war. Meine Großeltern machten das mit ihren Boxer-Hunden genauso: Ihnen wurden Leberwurstbrote vom Tisch gereicht. Das fand ich ehrlicherweise schon als junges Mädchen eklig! Dieses Erlebnis muss mich wohl nachhaltig geprägt haben. Wie dem auch sei, das Verhalten von Fritz führte bei uns schon mal zu Diskussionen, doch trotzdem lief alles so weiter. Auf diese Weise wurde Aron vom perfekt ausgebildeten Jagdhund zum Schoßhund.

Fritz betont gern, dass er einen Hundeführerlehrgang absolviert hat. Aber er verhält sich nicht entsprechend. Er sieht die Seele eines Hundes als Persönlichkeit und bezeichnete Aron daher auch als seinen »besten Freund«. Fritz vermenschlicht Tiere. Das konnte ich nie und werde es wohl auch nie können.

Vielleicht unterscheidet das Hundemenschen von Nicht-Hundemenschen. Für mich sind es zwei Welten. Zwischen ihnen konnten Fritz und ich zwar einige Brücken bauen, aber so richtig verschmolzen sind sie nie. Mit der Zeit lernte ich allerdings, ganz gut damit umzugehen. In einem gemeinsamen Leben können eben auch zwei Welten nebeneinander Platz haben. Man muss nur laut und deutlich »Ja« sagen.

Große Gefühle auf den ersten Blick

UTE JOCHIMS

Wir züchten seit Jahrzehnten Deutsch-Drahthaar-Hunde und wollten Aron ursprünglich für uns behalten. Mein Mann hatte schon begeistert mit ihm gejagt und entschieden, dass er ihn auch in Zukunft als seinen Begleiter dabeihaben wollte. Aber als Aron neun Monate alt war, traf er bei einer Drückjagd auf Fritz. Und danach blieb uns gar nichts anderes übrig, als ihm den Hund zu versprechen.

Die beiden waren gleich wie ein verliebtes Paar! Die Chemie zwischen ihnen stimmte von Anfang an, das war unglaublich. So etwas vergisst man nicht. Wir verkaufen unsere Hunde an Liebhaber aus aller Welt. Allerdings verlässt nicht jeder auch mit einem Tier unseren Zwinger. Ich habe schon Interessenten wieder weggeschickt, obwohl sie extra mit dem Flieger angereist waren. Wenn ich jemandem einen Hund mitgebe, muss ich überzeugt davon sein, dass der Halter einen gutmütigen Charakter besitzt. Dass er eine Verbindung zum Tier aufbauen kann. Wie reagieren potenzielle Käufer beim ersten Treffen mit einem fremden Hund? Sind sie verhalten, herzlich – oder vielleicht aufbrausend, wenn etwas nicht so läuft, wie sie es sich vorstellen? Das beobachte ich alles ganz genau. Bei Fritz musste ich mir diese Fragen gar nicht stellen. Das passte einfach sofort.

Wir haben uns regelmäßig mit Fritz getroffen, auch bei Jagden. Und Aron hatte bei ihm ein Leben wie Gott in Frankreich! Wenn wir zusammen Kuchen aßen, bekam Aron von Fritz immer die Hälfte ab. Fritz tat alles für ihn.

Ein bekannter Unternehmer, der uns gemeinsam zur Jagd eingeladen hatte, bettelte Fritz förmlich an: »Bitte verkauf mir diesen

Hund!« Er bot ihm ein Heidengeld, weil Aron ein wirklich guter Jagdhund war. Aber Fritz meinte nur: »Du kannst mir so viel bieten, wie du willst, den verkaufe ich nie!«

Wo Fritz war, war auch Aron.
Die beiden waren ein Herz und eine Seele.

»Gebt Aron einen Kuss von mir«

DIETER JOCHIMS

Wenn Fritz länger im Urlaub war oder gerade bei Dreharbeiten und Aron nicht mitnehmen konnte, brachte er ihn zu uns ins Liether Moor nach Schleswig-Holstein. Aron war einst in unserem Zwinger zur Welt gekommen, wir waren sozusagen sein erstes Zuhause. Und ein Stück davon ist immer geblieben. Arons Vater war »Waldmann vom Liether Moor« – eine Legende in der Welt der Drahthaar-Zucht! Er hat viele tolle Hunde gezeugt, über 240 Welpen in ganz Deutschland, um genau zu sein. Ohne Zweifel war Waldmann ein ganz besonderer und berühmter Hund, und Aron sah aus wie sein Klon. Aron ist selbst übrigens auch sechsmal Vater geworden, bevor er zu Fritz kam. Sein Sohn »Lennox vom Schaar« wurde später ein begehrter Deckrüde.

Fritz wusste, dass Aron sich bei uns wohlfühlt. Trotzdem hat er ihn nicht einfach bei uns abgegeben und sich dann nicht mehr gemeldet. Mindestens zwei- bis dreimal pro Woche rief Fritz an und fragte: »Was macht der Aron?« Meine Frau schickte ihm per Handy Videos, wie Aron beim Fahrradfahren nebenherlief oder bei uns auf der Wiese mit den anderen Hunden herumtollte. Da hat Fritz sich immer riesig gefreut. Er schrieb: »Gebt Aron einen Kuss von mir.«

In der Zeit, in der Aron hier war, war er der bravste Hund. Aber sobald Fritz ihn abholte, ließ er sich nicht mehr halten. Fritz fährt einen Audi mit 700 PS und wenn er mit dröhnendem Motor bei uns im Dorf einfuhr, fing Aron sofort an zu jaulen. Der wusste dann genau: Sein Herrchen ist auf dem Weg zu ihm! Das war unglaublich. Kaum war Fritz ausgestiegen, haben sich die beiden ausgiebig geknuddelt.

Das war wirklich eine sehr innige Liebe.

Ein Date mit Herrn Disney

Walt Disney zählt zu den legendärsten Tierfreunden der Geschichte. Mit Filmen wie »Bambi« oder »Dschungelbuch« sorgte er dafür, dass ganze Generationen die Tierwelt aus seinem von Liebe geprägtem Blickwinkel betrachteten. Alles fing auf einem Bauernhof im US-Bundesstaat Missouri an: Denn dorthin zog Disney als Fünfjähriger mit seinen Eltern. Und genau dort fertigte der spätere Erfinder von »Micky Maus« auch seine ersten Tierzeichnungen an.

Im Alter von 20 Jahren durfte ich 1962 im Disney-Film »Flucht der weißen Hengste« mitwirken – und bin dem großen Meister sogar selbst begegnet! Der Film handelt von den Lipizzanerhengsten der Spanischen Hofreitschule, die im Zweiten Weltkrieg evakuiert werden mussten, um sie vor den anrückenden sowjetischen Truppen zu retten. Gedreht wurde nicht in irgendwelchen Kulissen, sondern in der echten Hofreitschule in Wien. Dort hatte auch das Casting stattgefunden, bei dem ich Trab, Galopp und andere Bewegungen mit einem Pferd hatte vorführen müssen. Ich bestand den Test, durfte einen der Bereiter spielen und dafür auf den Rücken eines der berühmten Pferde der Hofreitschule steigen! 1969 wurde Prinzessin Anne, der Schwester der Königin von England, diese Ehre zuteil. Aber als Normalsterblicher hatte man normalerweise keine Chance. Umso mehr kostete ich diese Gelegenheit aus.

Also besuchte ich mein Pferd namens Wanda jeden Tag, und das sehr zum Argwohn des Stallmeisters. Er mochte es gar nicht, wenn Fremde seinen Stall betraten. Aber ich sollte mich ja mit meiner Kollegin auf vier Hufen anfreunden. Wanda zeigte mir die »Hohe Schule« der klassischen Reitkunst. Sie konnte nicht einfach nur traben oder galoppieren, sondern beherrschte auch Kunststücke wie »Piaffe« (eine Art Tänzeln auf der Stelle) oder »Levade«, eine Übung, bei der das Pferd sein Gewicht auf die gebeugten Hinterbeine verlagert und die vorderen in die Luft hebt. Die Lipizzanerhengste werden an der Spanischen Hofreitschule täglich trainiert und es dauert etwa sechs Jahre, bis sie ihre Ausbildung beendet haben. Diese Tiere sind sehr ehrgeizig und ausdauernd, dafür werden sie später, wenn sie bei Vorstellungen zeigen dürfen, was sie gelernt haben, auch mit tosendem Applaus belohnt.

Beim Dreh trug ich maßgeschneiderte Stulpenstiefel, dazu eine weiße Hirschlederne und einen braunen Gehrock. Ich war so stolz! Irgendwo hatte ich mal ein Foto von damals, das mich in voller Montur zeigt. Aber das finde ich nicht mehr, sehr schade. Walt Disney besuchte irgendwann höchstpersönlich das Set. Das ganze Team sang ein Lied für ihn aus dem Film. Er hörte lächelnd zu und wirkte überhaupt sehr entspannt. Auch für ihn war dieser Dreh wohl etwas ganz Besonderes, schließlich reiste er extra aus Kalifornien dafür an.

Während meiner Zeit in Wien lernte ich zwei Mädchen kennen. Sie waren große Fans der Spanischen Hofreitschule und luden mich auf ihren Reiterhof außerhalb der Stadt ein. Dort saß ich an meinen drehfreien Wochenenden im Sattel. Die beiden liehen mir eines ihrer Pferde. Einen Schönheitspreis hätte dieser Hengst nie bekommen. Denn er war ramsköpfig, hatte also einen nach außen gewölbten Kopf. Aber das machte mir gar nichts, denn seine hübschen Besitzerinnen waren alles andere als »ramsköpfig«.

Tierliebe verbindet. Steht mir ein Tierfreund gegenüber, weiß ich gleich, was für ein Schlag Mensch er prinzipiell ist. Allzu schlecht kann er zumindest nicht sein. Durch die ähnliche Gesinnung knüpft man schneller Kontakt und daraus ergeben sich oft richtig enge Bande. Nicht umsonst bin ich unter anderem mit einem Falkner, einer Hühnerbäuerin und Hundezüchtern befreundet. Wir verstehen uns intuitiv!

Tierliebe verbindet. Steht mir ein Tierfreund gegenüber, weiß ich gleich, was für ein Schlag Mensch er prinzipiell ist.

Verliebt im Paradies

SUSANNE KELLERMANN

Es ist ja nicht so, dass ich Hunde überhaupt nicht mag. Es gibt sogar einen, an den ich mich äußerst gern erinnere –einen Golden Retriever namens Kayla. Kayla und ich begegneten uns auf Hawaii. Ich war damals 21 und arbeitete mit einem Freund an dem Dokumentarfilm »Tinnitus – auf der Suche nach der verlorenen Stille«.

Zehn wunderbare Wochen durfte ich im Inselparadies verbringen. Und Kayla gehörte der Familie, bei der ich während dieser Zeit unterkam. Um weniger Miete für mein Zimmer im Haus zu zahlen, passte ich hin und wieder auf die drei Kinder auf oder ging stundenlang mit Kayla am nahegelegenen Strand spazieren. Sie und ich tollten gemeinsam in der Brandung herum – das waren Momente, die sich tief in mein Gedächtnis eingruben. Weil ich pure Lebensfreude dabei empfand! Wir hatten so viel Spaß miteinander. Immer wieder wurde Kayla von den Wellen überspült, aber es machte ihr überhaupt nichts aus. Im Gegenteil: Sie liebte das Wasser! Und ich liebte Kayla. Wir hatten eine tolle Beziehung und haben viel geschmust.

Wenn Kayla aus den Wellen kam, hat sie sich erst einmal ausgiebig im Sand gewälzt und sah dann natürlich aus wie ein paniertes Schnitzel. »So können wir jetzt aber nicht nach Hause zurück!«, mahnte ich und schickte sie noch einmal ins Meer zurück. Danach wiederholte sie ihr Sandbad. Letztendlich musste ich die klatschnasse Kayla vom Wasser aus bis zur Straße tragen, damit sie sauber blieb. Ich glaube ja, das ganze Schauspiel war nur ein Trick von ihr, denn in meinen Armen fühlte sie sich sichtlich wohl.

2009 flog ich mit Fritz nach Hawaii und wollte ihm unbedingt zeigen, wo ich damals gewohnt hatte. Ich mietete für uns ein Gartenstudio bei meiner alten Gastfamilie. Die erste Frage, die ich ihnen stellte, lautete: »Lebt Kayla noch?« Das war natürlich völlig absurd! Schließlich waren seit meinem letzten Besuch bei ihnen fast 20 Jahre vergangen. »Nein, schon lange nicht mehr«, lautete deshalb logischerweise die Antwort. Was hatte ich anderes erwartet?

Diese ausgesprochene Realität machte mich todtraurig. Denn jedes Mal, wenn ich mich in mein Inselparadies zurückgeträumt hatte, war Kayla ein Teil davon gewesen. Und nun saß ich ohne sie hier.

Ich hoffe, sie hat ein neues Paradies gefunden.
Eines, in dem das Meer bis in alle Ewigkeit rauscht.

Dreamteam mit acht Pfoten

ANDRÉ BÄUCH

Ich arbeite als Fahrer bei TV-Produktionen und nehme meine Terrier-Mischlingsdame Lika dabei so oft es geht mit. Viele Menschen aus der Branche kennen mich gar nicht ohne Hund, und ich habe sogar schon einmal einen Job abgesagt, weil Lika nicht hätte dabei sein dürfen. Ich habe sie vor elf Jahren während eines Urlaubs aus einer Tötungsstation in Portugal gerettet. Zwei Tage, bevor man sie eingeschläfert hätte, weil niemand sie haben wollte, entdeckte ich sie dort durch Zufall. Seitdem sind wir ein eingeschworenes Team. Lika war schon in zwei, drei Serien zu sehen, weil sie sich so oft an verschiedensten Drehsets aufhält.

2012 nahm ich den Auftrag an, Fritz für die Serie »Um Himmels Willen« von A nach B zu chauffieren. Damals ließ die Produktionsfirma verlauten, er habe seinen Hund dabei, daher wäre es nicht so passend, wenn auch meiner mit im Auto säße. Weil meine damalige Freundin Lika mit zur Arbeit nehmen konnte, willigte ich ein. Als ich Fritz das erste Mal abholte, saß ich also solo im Wagen, höchst ungewöhnlich für mich. Nach den darauffolgenden Fahrten wurde es langsam persönlicher zwischen uns beiden, und wir begannen, uns über unser Leben auszutauschen. Da erwähnte ich, dass ich ebenfalls Hundebesitzer bin. Das war gleich eine gute Basis und hat uns extrem verbunden. Ich fragte Fritz, ob ich Lika einmal mitbringen könne. »Ja selbstverständlich«, erklärte er sofort. »Aron liebt kleine Hunde, dann hat er gleich eine Kameradin am Set. Das ist doch toll!«

Zwischen Aron und Lika war es wie bei ihren Herrchen: Sie waren sich sofort sympathisch und beste Freunde, die ganzen neun

Jahre lang, die ich mit Fritz für »Um Himmels Willen« unterwegs war. Wenn Fritz in Landshut drehte, bin ich mit den Hunden zu einem Naturschutzgebiet in der Nähe gefahren. Gegenüber anderen Vierbeinern markierte meine kleine Lika in Begleitung des großen Aron dann plötzlich den Dicken. Weil sie wusste, dass sie Rückendeckung hatte.

Ich wiederum gab Fritz Rückendeckung. Auch wir wurden von Kollegen zu echten Freunden. Und als solcher nahm ich mir schrittweise auch mehr heraus. Während ich mich anfangs in puncto Hundeerziehung noch komplett herausgehalten habe, ließ ich im Laufe der Jahre Fritz gegenüber schon einmal verlauten, wenn ich etwas nicht richtig fand. Zum Beispiel beim gemeinsamen Eisessen, was ziemlich häufig vorkam. Denn Fritz liebt Eis genauso wie Hunde. Er überließ Aron immer die Hälfte seines Waffelhörnchens, selbst wenn Schokoladeneis darin war. Schokolade aber vertragen Hunde ja nun gar nicht. Da haben wir uns in die Haare gekriegt. Ich sagte: »Lass das, das tut ihm doch nicht gut!« Ich brachte Fritz sogar artgerechte Süßigkeiten extra für Hunde mit. Seine guten Vorsätze hielten höchstens einen Tag, dann sah ich wieder, wie er mit Aron etwas Leckeres teilte, das bei Vierbeinern zu Bauchschmerzen führen kann: frisches Brot, Bratwurst oder völlig überwürztes Zeug. Fritz war das relativ egal. Sein schlechtes Gewissen wäre noch größer gewesen, wenn er Aron nichts abgegeben hätte. Dieser Hund ging ihm über alles!

Manchmal passten meine Freundin Kathi und ich abends oder übers Wochenende auf Aron auf, wenn Fritz eine Verpflichtung hatte. War Aron allein bei uns, hat er super gehört, weil er wusste, dass ich es überhaupt nicht mag, wenn er sich danebenbenimmt. Er kam nie zum Betteln an den Esstisch, sondern hat nur aus respektvoller Entfernung herübergelinst. Sobald Fritz allerdings den Raum betrat, hat es ihn überhaupt nicht mehr interessiert, was ich sage. Weil er genau wusste, dass er bei Fritz Narrenfreiheit hatte.

Es war wahnsinnig traurig, als Fritz mich anrief und mir erzählte, dass Aron eingeschläfert worden war. Wir haben nur dieses eine Mal darüber gesprochen und dann nie wieder. Weil es Fritz zu sehr weh tut. Ich habe auch Lika in seiner Gegenwart nicht mehr erwähnt, denn ihr Name würde ihn unweigerlich an Aron erinnern. Auch zur Feier seines 80. Geburtstags brachte ich sie nicht mit. Das war eine ganz bewusste Entscheidung. Eine, die ein Hundeliebhaber für den anderen gefällt hat. Denn ich kann gut nachempfinden, wie es ihm geht.

Zwischen Aron und Lika war es wie bei ihren Herrchen:
Sie waren sich sofort sympathisch.

Der Kreis der Liebe

Um ein Tier großzuziehen, um es zu pflegen und es glücklich zu machen, muss man kein Experte sein. Was man braucht, ist Liebe. Das brachte uns, also meinem Bruder Elmar und mir, Mutti bei. Sie selbst war nicht mit Hunden aufgewachsen. Aber sie machte schon mit unserem ersten Hund, dem Cocker Spaniel Jimmy, intuitiv alles richtig. Sie war die perfekte Hundemutter! Ihr Geheimrezept: Mutti gab einfach ihre Liebe weiter – und sie trug viel davon im Herzen. Ihr Mann, unser Vater, galt seit Januar 1945 als vermisst. Er folgte seiner Einheit als Soldat nach Polen und kehrte nie wieder zurück. Daher lag Muttis ganzer Fokus auf Elmar, Jimmy und mir. Wir waren wie ein geschlossener Kreis, hielten fest zusammen.

Elmar und ich wurden mit Wärme und Fürsorge großgezogen. Mutti hat uns nie Steine in den Weg gelegt, sondern sie, wenn welche da waren, aus dem Weg geräumt. Wir wurden nicht durch Verbote gesteuert, sondern durch Freude an die Dinge herangeführt. Das war die Grundhaltung meiner Mutter. Und die machte nicht nur uns, sondern auch sie selbst glücklich.

Ich weiß noch, dass auf Muttis Nachttisch ein Foto stand, auf dem eine Arzneimittelflasche zu sehen war. Diese trug ein Etikett mit der Aufschrift: »Dreimal Liebe täglich!« Das war durch und durch wepperisch. Mutti gab uns ständig seelische Umarmungen. So viele, dass wir sie manchmal fast abwehren wollten. Aber Liebe schadet nicht, das lernten wir früh von ihr. Auch für Jimmy gab es ständig Streicheleinheiten. Und selbst Kommandos gab Mutti liebevoll und herzlich. Als Jimmy noch ein tapsiger Welpe war, markierte sie ihm den Weg zum Futternapf mit kleinen Häppchen. So machte sie ihm die Eingliederung in unseren Alltag schmackhaft.

Wir hatten keine festen Regeln, wer sich wann, wie und wo

um Jimmy zu kümmern hatte. Streicheln, bürsten, füttern, Gassige-
hen – wir taten es alle gern und wechselten uns ab. Morgens waren
Elmar und ich gefragt: In unserem Wohnhaus in der Arnulfstraße
befand sich ein Milchladen. Und während Mutti dort Milch holte,
machten wir uns für die Schule fertig und versorgten Jimmy. Es
war immer ein Erlebnis, wenn es ihm schmeckte!

Anfangs hatten wir nicht viel. In einer Wand unseres Zimmers
klaffte ein riesiges Loch, das noch von einem Bombeneinschlag her-
rührte. Aber ich empfand diese Zeit damals trotzdem nie als Zeit
des Mangels. Ganz im Gegenteil: Das, was wir miteinander hatten,
war mehr als genug. Mehr, als man sich jemals wünschen konnte.
Ich habe mich bei Mutti so zu Hause gefühlt, dass ich erst mit 23
ausgezogen bin, Elmar war sogar noch länger daheim.

»Wer Liebe sät, wird Liebe ernten«, heißt es so schön. Dass das
nicht nur ein hohles Sprichwort ist, spürten wir jeden Tag im Fami-
lienverbund. Wie Mutti geben wir seitdem unsere Liebe weiter. An
Menschen, an Tiere. So können immer wieder neue Verbindungen
entstehen und gemeinsame Kreise sich im wechselseitigen Geben
und Nehmen schließen.

»Dreimal Liebe täglich!«

Nicht ohne meinen Ero?!

Meine Hunde sind, wenn möglich, überall mit dabei. Nur in einer Situation hätte ich alles darum gegeben, wenn mein geliebter Ero nicht an meiner Seite gewesen wäre. Im September 1986 hatte ich einen schweren Autounfall, den wir beide nur mit großem Glück überlebten.

Ich kam abends von einer Reise zurück, sollte am nächsten Morgen wieder für »Derrick« drehen. Mein Zielflughafen war aber nicht München, sondern Frankfurt, weil dort ein Freund lebte, der in meiner Abwesenheit auf meinen Hund Ero aufgepasst hatte. Am Airport wartete schon mein Leihwagen, ein metallic-blauer Mercedes 300 E. Im Gegensatz zu den ansonsten von mir geliebten Sportwagen hatte er einen ausladenden Kofferraum. Ich holte Ero ab und nahm Kurs auf München.

Gegen Mitternacht war ich auf der Höhe von Nürnberg mit rund 200 Sachen unterwegs, als ich plötzlich in der Ferne erkannte, dass etwas die Fahrbahn versperrte. Ich stieg in die Eisen, aber es war zu spät. Ein Wagen hatte einen Unfall gehabt und stand quer auf der dreispurigen Autobahn. Ein anderer Autofahrer hatte versucht, dem Verunglückten zu helfen, aber dabei seinen Golf links neben dem Unfallwagen geparkt. Genau in diesen Golf rauschte ich geradewegs hinein. Er wurde 50 Meter nach vorn geschleudert, es knallte und mein Airbag öffnete sich. Tausend schreckliche Dinge passierten in einer Sekunde.

Mir ging dabei aber nur ein Gedanke durch den Kopf: Ich muss Ero retten! Mein Hund saß im Fußraum des Beifahrersitzes, doch als ich mich zu ihm hinunterbeugen wollte, sah ich im Rückspiegel zwei Scheinwerfer, die geradewegs auf mich zugeschossen kamen. Dieses Fahrzeug rammte mich mit 70 Stundenkilometern.

Meine Rettung war mein Kofferraum, der Mietwagen hörte nach diesem Auffahrunfall an der Heckscheibe auf. Der Notarzt sagte: »Herr Wepper, wenn Sie in einem anderen Fahrzeug unterwegs gewesen wären, hätten wir Sie wahrscheinlich tot hier herausgeholt.« Die Knautschzone hatte uns beiden das Leben gerettet.

Ich habe es noch heute in den Ohren: Im Moment des Aufpralls herrschte tosender Lärm. Metall krachte, Glas splitterte, Reifen quietschten auf dem Asphalt – und aus Eros Kehle kam ein elendiger Ton, der sich für mich anfühlte wie ein Stich mitten ins Herz. Doch als das Auto endlich stand, wurde alles um mich herum auch ganz still. Zu still. In der Dunkelheit der Nacht hörte ich nur den schnellen Schlag meines Herzens und beugte mich angstvoll zur rechten Seite. »Ero!«, rief ich. »Lebst du noch?« Ich hatte panische Angst, ihn für immer verloren zu haben.

Mein Hund lag reglos im Fußraum, doch langsam kam Bewegung in seine Glieder. Er drehte seinen Kopf zu mir und schaute mich matt an. »Na komm«, sagte ich, öffnete meine Arme und ließ ihn vorsichtig auf meinen Schoß krabbeln. Gemeinsam stiegen wir aus dem völlig zerbeulten Autowrack. Ich hielt Ero in meinen Armen wie ein verletztes Kind, doch Gott sei Dank schien bei ihm alles in Ordnung zu sein. Ich wollte ihn unbedingt ins Krankenhaus mitnehmen. Nicht ohne meinen Ero! Erst sagten die Sanitäter, das gehe nicht. Doch ich blieb hartnäckig und auf mein mehrfaches Bitten hin ging es dann doch. Ich umklammerte Ero auch dermaßen fest, dass es gar nicht möglich gewesen wäre, mich ohne ihn zu transportieren. Erst im Rettungswagen ließ ich los, damit ich mich auf die vorbereitete Trage legen konnte. Meine Hand ruhte auf Eros Kopf, der neben mir Wache hielt.

Am nächsten Tag kam ich um fünf Uhr in der Früh nach Hause und saß um acht Uhr in der »Derrick«-Maske. Der Drehort war nur 150 Meter von meinem Haus in Harlaching entfernt. Ein Pflaster zierte meine Stirn, darunter hatte man meine Wunde getackert. Rücken, Arme und Beine schmerzten. Aber: Ich hatte überlebt! Und darum drehte ich. Erst Jahre und Jahrzehnte später bekam ich die Spätfolgen des starken Aufpralls zu spüren. Ich hatte den Stoß mit Füßen und Armen aufgefangen, das war das Problem. Ich schrumpfte mit einem Schlag um vier Zentimeter, weil mein ganzer Körper zusammengestaucht worden war. Das zog schließlich Hüft- und Bandscheiben-OPs nach sich, sowie Einschränkungen beim Gehen.

Ero war nach unserem nächtlichen Unglück körperlich unversehrt. Aber seelisch stand er monatelang unter Schock, war extrem schreckhaft und verängstigt. Ich musste mit viel Liebe dagegen anarbeiten: Ich streichelte Ero noch öfter als gewöhnlich, war noch milder zu ihm, noch liebevoller. Ero war anschmiegsamer als je zuvor. Mit der Zeit verbesserte sich sein Zustand, und irgendwann war er wieder ganz der Alte. Liebe ist ein Medikament, für das man kein Rezept braucht. Sie kann nicht alle Wunden heilen, aber sie ist dasjenige Hausmittel, zu dem ich trotzdem immer greife. Und in diesem Fall funktionierte es auch.

Ich nehme meine Rolle als Oberhaupt meiner Familie sehr ernst. Ich möchte, dass es allen gut geht – den Menschen und den Tieren, die dazugehören. Um dieses Ziel zu erreichen, tue ich auch alles, was in meiner Macht steht. Ich kann nicht anders. Familie ist alles, was zählt. Und alles, was bleibt.

Liebe ist ein Medikament, für das man kein Rezept braucht.

Der Silvester-Knaller

SUSANNE KELLERMANN

Unsere Tochter Filippa kam am 30. Dezember 2011 auf die Welt. Ein großer Glückstag – und auch eine Art Neubeginn für mich: Seit Jahren hatte ich Silvester nicht mehr mit einem Partner verbracht. Ich stand immer allein zwischen Paaren, die sich um Mitternacht küssend um den Hals fielen. Daher war Silvester nicht gerade mein Lieblingstag.

Dieses Jahr würde das alles anders werden, freute ich mich. Denn am 31. Dezember würden Fritz und ich in dem Münchner Krankenhaus, in dem ich lag, den ersten vollen Lebenstag unseres Kindes als Familie ausklingen lassen. So lautete zumindest mein Plan.

Umso überraschter war ich, als Fritz schon vor Mitternacht Anstalten machte zu gehen. »Was hast du denn vor?«, fragte ich. »Na, ich fahre in die Wohnung«, sagte Fritz. »Ich muss dort sein, bevor das Feuerwerk losgeht, damit Aron nicht allein ist.«

Ja klar, Hunde haben Angst vor dem Lärm. Ich verstand prinzipiell schon, dass er da bei Aron sein wollte. Aber wirklich in diesem Moment? An diesem für uns drei so besonderen Tag?

Immerhin lag ich um Mitternacht nicht solo da, sondern hielt meine schlummernde Filippa fest im Arm. Und Fritz? Der berichtete mir nachher: »Ach, Aron hat geschlafen, als ich ankam. Der hat überhaupt nichts vom Feuerwerk mitgekriegt«.

Ein großer Glückstag ...

Wieso Angeln alles andere als ein Witz ist

Es gibt einen Witz, der das Hobby des Angelns perfekt umschreibt. Hier kommt er: Treffen sich zwei Angler am See. Zwei Stunden später schlafen dem einen die Zehen ein, er tritt von einem Bein aufs andere. Sein Mitangler wirft ihm einen bösen Blick zu und schimpft: »Angeln oder steppen wir?«

Zugegeben, Angeln ist kein Actionsport. Zumindest dann nicht, wenn man ganz entspannt seinen Köder ins Wasser baumeln lässt, um Friedfische zu fangen. Die heißen so, weil sie andere Fische in Frieden lassen. Sie ernähren sich ausschließlich von Insektenlarven, Schnecken und Würmern, statt wie Raubfische Artgenossen zu jagen. Zu dieser Gattung zählen zum Beispiel Karpfen, Brassen und Äschen.

Als Teenager sah ich Angler an der Isar und am Starnberger See stehen. Die Spannung, ob einer anbeißt und der Moment, in dem es so weit war – das wollte ich unbedingt auch erleben. Darum machte ich mit 14 Jahren meinen Jugendfischereischein, denn nur damit durfte ich offiziell meine Angel auswerfen. Dafür muss man wahnsinnig viel auswendig lernen und bei der Prüfung seitenweise Multiple-Choice-Fragen beantworten. Wir saßen alle in einem Raum. Einer aber stand nach nur 20 Minuten auf, als ich noch mittendrin feststeckte. Der Kerl hatte die Bögen so zügig ausgefüllt wie einen Lottoschein! Entweder er war ein Genie oder schon mal durchgefallen und dadurch in Übung. Auf jeden Fall schien er mehr zu wissen als ich.

Zwischen den Tischen liefen Kontrolleure hin und her, die genau beobachteten, ob jemand schummelte. Als das vermeintliche »Genie« an mir vorbeilief, zischte ich so leise und unauffällig wie möglich: »Frage 13 – B oder C?« Er schielte zu mir rüber und murmelte: »E!« Kurz nach der Prüfung wurde eine Liste mit den Namen all derjenigen aufgehängt, die nicht bestanden hatten. Der Rest konnte sich seinen Jugendfischereischein abholen. Später freute ich mich immer, den Namen »Wepper« auf Plakaten oder in Programmheften zu lesen, doch dass er dieses Mal NICHT aufgeführt war, machte mich glücklich!

Stolz wie Oskar fuhr ich mit der Bahn zum Starnberger See, um meinen ersten Fang zu machen. Ich hatte Kartoffeln und Käse in kleine Würfel geschnitten, denn das sind ausgezeichnete Köder für Friedfische. Doch trotz dieser köstlichen Lockmittel wollte einfach kein Fisch anbeißen. Voller Frust aß ich nach einigen Stunden den Rest der Käsewürfel selbst auf.

Seit 1972 habe ich mich dem Fliegenfischen verschrieben, manche nennen es auch die Königin aller Angeltechniken. Denn dafür braucht man unermüdliche Ausdauer, Kraft und Präzision. Beim normalen Angeln benutzt man einen Köder, der ein bestimmtes Gewicht hat, und hängt ihn an einer relativ beliebigen Stelle ins Wasser. Beim Fliegenfischen ist der Köder federleicht und das Gewicht liegt in der Schnur. Diese ist dicker und schwerer als andere Sorten. Durch Vor- und Zurückwerfen hält man die künstliche Fliege in der Luft, wofür man eine besondere Technik braucht. Die Fliege muss genau an der Stelle landen, wo sich im Wasser Ringe bilden – denn dort sitzen die Fische. Wir Fliegenfischer angeln nicht auf Verdacht, sondern gezielt, wie Jäger.

Ich stehe Ewigkeiten mit einer wasserdichten Wathose, die bis unter meine Achseln reicht, im Wasser und warte auf den perfekten Moment. Dabei muss ich ständig die Wasseroberfläche beobachten und im Ernstfall schnell reagieren. Sobald die Fliege das Wasser berührt, ziehe ich die Schnur an, um den Verfolgungsreflex der Beute auszulösen. Dann muss ich hoffen, dass der Fisch anbeißt und dafür sorgen, dass er am Haken bleibt, indem ich die Schnur ständig unter Spannung halte. Sonst entwischt er wieder. Dieser Vorgang ist so kompliziert, dass ich alles um mich herum vergesse. Die ideale Beschäftigung, um abzuschalten.

Etwas Besonderes war die Jagd auf Stahlkopfforellen in der Wildnis Kanadas. Die »Steelheads« sind unglaublich hartgesotten, was mir imponiert. Sie sind Kämpfer wie ich. Steelheads zählen zur Familie der Salmoniden und wandern wie Lachse flussaufwärts zum Laichen. Wir beobachteten vor Ort, wie sie sich sogar Wasserfälle hinaufarbeiteten, um zu den allerbesten Laichplätzen zu gelangen.

Steelheads gelten als wahre Akrobaten unter Wasser und haben einige Tricks auf Lager, um Fliegenfischern zu entkommen. Man kann sie nicht mit Futter ködern, sondern muss sie fordern, zum Beispiel mit einem kleinen Propellerköder, den man an die Angel hängt. Damit spielen die Steelheads dann und schnappen irgendwann zu. Wenn man es schafft, nach stundenlangem Taktieren, Auswerfen und Kurbeln einen der bis zu fünf Kilogramm schweren Fische aus dem Wasser zu holen, ist das schon ein herausragendes Ereignis. Ich ließ es mir nicht nehmen, die Stahlkopfforellen, die wir fingen – am Tag durfte es pro Person nur eine sein – höchstpersönlich zuzubereiten. Und das geht so: Die Fische werden ausgenommen, dann kommt Petersilie in ihren Bauch, dazu vier bis fünf Zitronenschreiben und dicke Butterflocken. Das Ganze in Alufolie wickeln und auf einem Gitter über dem Feuer garen. Köstlich!

Für ein Top-Angelerlebnis muss ich mich allerdings nicht in den Flieger nach Kanada setzen. Mein Bruder Elmar und ich haben seit über 30 Jahren ein Fischereirecht an der Traun östlich des Chiemsees. Die Traun müsste eigentlich Traum heißen. Denn dort steht kein Haus weit und breit und der Wald am Ufer ist dicht wie in Kanada. Elmar und ich kamen uns im Leben nie in die Quere und tun es auch beim Fliegenfischen nicht. Elmar ist Linkshänder, ich Rechtshänder. Wir müssen gut 20 Meter auseinanderstehen, damit sich unsere Schnüre bei Wind nicht verheddern.

Eine Regel gibt es: Wir entnehmen jeder nur einen Fisch, der kommt am Ende in einen tragbaren roten Räucherofen aus Schweden, den ich immer mithabe. Nach 15 Minuten nehmen wir den Deckel ab und dann wabert uns ein traumhafter Duft entgegen. Wir stoßen mit einem guten Wein an und es wird nicht viel geredet.

Unser »Dialog« geht ungefähr so: Mmmh ... aaah ... mmmh ... aaaah ... Prost!

1999 haben Elmar und ich zusammen mit einigen anderen die »Royal Fishing Kinderhilfe« gegründet, den Vorsitz des Vereins übernahm die Hamburger Verlegerin Alexandra Jahr. Wir organisieren Angelsafaris, Fischerei-Lehrgänge oder Feriencamps. Einmal haben wir 600 Kinder auf 19 Fischtrawler verteilt, in der Ostsee ging es dann auf Dorschfang. Ich sorgte dafür, dass nachher jedes Kind einen Pokal bekam. Ich habe selbst zahlreiche zu Hause stehen und weiß, dass die nicht nur eine schöne Erinnerung an einen Erfolg sind, sondern auch ein Ansporn für die Zukunft.

Wir möchten sozial benachteiligten Kindern und Jugendlichen eine sinnvolle und spannende Freizeitbeschäftigung ermöglichen. Und was wäre sinnvoller als Angeln? Die jungen Angler erfahren mit der Rute in der Hand, wie wichtig es ist, das eigene Ziel nicht aus den Augen zu lassen. Und nebenbei lernen sie einen respektvollen Umgang mit der Natur und ihren Ressourcen.

Ich habe ein Ritual: Den ersten Fisch, den ich in einer Saison fange, entlasse ich wieder in die Freiheit. Zuvor mache ich meine Hand nass. Denn die Schleimhaut eines Fisches nimmt Schaden, wenn man sie mit trockener Hand berührt. Dann können sich Parasiten einnisten und das wiederum könnte das Tier sein Leben kosten. Ich werfe den Fisch auch nicht einfach zurück ins Wasser, sondern setze ihn behutsam wieder hinein. Es geht mir dabei nicht darum, Herr über Leben und Tod zu spielen. Ich möchte dem Fisch Respekt zollen. Deshalb hole ich auch nicht möglichst viele aus dem Fluss, sondern immer nur bedarfsgerechte Mengen. Einmal passierte es mir aus Versehen doch, dass ich einen Fisch mit trockener Hand packte. Er flutschte mir aus den Fingern und ich schwöre, in dem Moment hat er mich noch ein letztes Mal traurig angesehen. Aber es war zu spät, er war schon wieder im Wasser untergetaucht. Danach habe ich bestimmt drei, vier Wochen alle Fische zurückgesetzt, die bei mir angebissen haben. Erst danach fing ich an, sie wieder mit gutem Gewissen zu verzehren. Wir sollten die Natur und ihre Schätze nicht als gegeben hinnehmen.

Wenn ein Tier sein Leben für uns lässt,
ist das ein Geschenk von unschätzbarem Wert.
Und als solches muss man es auch behandeln.

Liesl Karlstadt machte es vor …

Nachdem ich als Teenager meine ersten Theatererfahrungen gesammelt hatte, durfte ich auch Kinderfunk machen. Meine Sendungen beim Bayerischen Rundfunk hießen »Trudl und Schorschi« und »Die Ahornstraße«. Dabei lernte ich die legendäre Liesl Karlstadt kennen, die manche als »ersten weiblichen Medienstar Bayerns« bezeichnen. An der Seite des Komikers Karl Valentin wurde sie berühmt und schließlich zur Ikone der bayerischen Unterhaltungsgeschichte.

Was mir aber damals, so Mitte der 1950er-Jahre, besonders an ihr gefiel: Sie brachte ihren Hund mit zur Arbeit. Ihr Bühnen- und lange auch Lebenspartner Karl Valentin, der 1948 gestorben war, hatte einen Foxterrier namens »Bobsi« besessen, um den die beiden sich gemeinsam kümmerten. Bobsi erlangte große Berühmtheit, als er laut bellend Valentins Aufnahme von »Das Lied am Sonntag« störte (wer diese nicht zu Hause hat, kann sich online die reizende Gesangseinlage anhören).

Ins Studio des Bayerischen Rundfunks kam Liesl Karlstadt, wenn ich mich recht erinnere, allerdings mit einem Dackel. Den band sie am Stuhlbein fest und im Gegensatz zu Bobsi schwieg er, sobald die Aufnahme lief.

Daran muss ich oft zurückdenken, weil ich Aron ja auch mit an den Drehort nahm, wann immer es möglich war. Liesl Karlstadt war mein großes Vorbild, ganz ohne Witz: Sie demonstrierte schon damals, dass viele Mauern nur in Köpfen existieren. Als Hundebesitzer muss man sich nicht so sehr einschränken, wie manche es gern hätten. Man sollte ruhig mal alte Denkmuster aufweichen und – solange man damit niemandem schadet – nach seinen eigenen Regeln leben.

»Das geht doch nicht!« Wie oft habe ich diesen Satz schon gehört. Und ihn höchstpersönlich widerlegt.

Reisen mit Hund, Skifahren mit Hund, Arbeiten mit Hund: Das alles habe ich gemacht und es funktionierte ganz wunderbar. Liesl sei Dank.

Liebenswerter Lümmel

JANINA HARTWIG

Aron war ein echter Lümmel, ein bisschen frech, aber voller Leben. Genau wie Fritz! Aron hat mein Herz berührt. Ein wuscheliger, kuschliger graubrauner Deutsch Drahthaar mit einer guten Seele. Mir erschien er gar nicht wie ein Hund, sondern eher wie ein Kind. Und er tat uns gut: Denn während des Drehs ist man am Set recht abgeschottet vom Rest der Welt. Aron aber brachte das echte Leben in unsere »Blase«. Fritz nahm Aron regelmäßig mit zum Dreh von »Um Himmels Willen«. Die beiden waren schier unzertrennlich.

Für uns Schauspieler gab es einen mobilen Masken- und Garderobentrailer, ziemlich beengt. In der einen Hälfte kümmerten sich zwei Garderobieren um die Kostüme, in der anderen arbeiteten die beiden Maskenbildnerinnen. Aron kümmerte das herzlich wenig, er sprang mitten in diese Enge hinein. Es kam vor, dass die Maskenbildnerin mir gerade sehr vorsichtig die Augen schminkte, schließlich dürfen Pinsel und Eyeliner nicht direkt im Auge landen, da kam Aron vorbei, scharwenzelte um sie herum und wollte partout nicht »Sitz« machen. So konnte die Maskenbildnerin nicht in Ruhe arbeiten und navigierte ihn schließlich zurück in die Garderobe nebenan. Aber auch da war kein Platz, weil Fritz sich gerade umziehen musste. Also wurde Aron wieder zurückgeschickt.

Manchmal passierte es auch, dass Aron in dem engen Mobil leise vor sich hin pupste. Alle schrien: »Nein Aron, bitte nicht!« und rissen verzweifelt Fenster und Türen auf. Natürlich gab es Situationen, die man vielleicht im selben Moment nicht so toll fand. Aber so ist das eben, wenn man einen Hund hat. Textproben mussten schon einmal unterbrochen werden, weil der Hund am Set auf

Entdeckungstour ging und Fritz ihn suchen musste. Zudem gab es in dem Kloster, wo wir drehten, Hühner. Und man musste höllisch aufpassen, dass Aron nicht mit einem davon im Maul zurückkam.

Nur wenn die Kamera lief, durfte Aron nicht dabei sein. Ein Tier ist ein Tier. Befehle wie »Ruhe bitte, wir drehen!«, versteht es nicht. André, der Fahrer von Fritz, hat sich dann um ihn gekümmert oder er kam in Fritz' Wohnmobil. Das war ihm dann oft zu langweilig und er jaulte. Aber irgendwer hat sich immer gefunden, der sich mit Aron beschäftigte. Wir haben alle aufeinander geachtet und uns gegenseitig geholfen. Es ist schon merkwürdig: Seit meiner Kindheit habe ich Angst vor Hunden. Nicht bei Aron, kein bisschen.

Irgendwie gehörte er immer mit dazu, das echte Leben eben. Im Nachhinein betrachtet, fehlt er mir sehr.

Wie ich als Cowboy durch Kanada und Nordamerika ritt

Als kleiner Junge spielte ich an der Seite meines Bruders Elmar Cowboy. Den Western »Vera Cruz« mit Gary Cooper und Burt Lancaster in den Hauptrollen sah ich ganze 37-mal, weil Cowboys mich so faszinierten. In den 1970er-Jahren, als ich Nordamerika und Kanada für mich entdeckte, konnte ich endlich wirklich einer sein! Mit Stetson, Boots und dicker Gürtelschnalle.

Relevant war für mich aber nicht das Outfit, sondern das Gefühl, auf dem Rücken eines Pferdes eins zu werden mit der Natur. Wenn ich durch die Steppe ritt und meine Augen durch die endlose Weite wanderten, war ich so weit weg vom roten Teppich, wie es überhaupt nur ging. Aber auch von allen anderen Dingen, die man im Alltag sonst für essenziell hält, die es aber nicht sind, wenn man einmal ganz ehrlich zu sich selbst ist. Beim Schlafen unter freiem Himmel wurde mein Kopf wieder so richtig frei. Das ging nur da und nur so.

Bevor ich meine erste Reise nach Kanada plante, las ich in einem Werbeprospekt über British Columbia, der westlichsten Provinz des Landes: »Die Wildnis zu entdecken, heißt, sich selbst zu entdecken.« Das gefiel mir, und es ist bis heute ein Satz, den ich zweihundertprozentig unterschreiben kann. Ich würde jedem empfehlen, der die Möglichkeit hat, einmal in die Wälder von British Columbia abzutauchen. Als Stadtmensch verliert man mit den Jahren seine Instinkte. Aber dort, im Schatten uralter Kiefern, Tannen oder Fichten, in der Heimat von Elchen, Wapiti-Hirschen und Karibus, erwachen die Sinne zu neuem Leben: Du riechst, hörst, siehst und fühlst wieder mehr. Selbst der Rücken wird zur Radarfläche, alle körpereigenen Sensoren sind aktiviert.

Das muss man nicht trainieren, das haben wir in uns! Es wird uns im Alltag nur nicht abverlangt, dadurch verkümmert unser Wahrnehmungsvermögen. Doch die starken Empfindungen in der Natur verleihen uns einen körperlichen und seelischen Schub. Das ist das große und eigentliche Ereignis auf einer solchen Reise. Wenn man das einmal erfahren hat, will man es immer wieder erleben, so ging es mir zumindest. Derart intensive Emotionen hatte ich vorher weder beim Heli-Skiing noch auf der Rennstrecke kennengelernt. Unterwegs zu sein im wilden Kanada, war das Höchstmaß an Erlebnis. Dort verbrachte ich meine spannendsten Urlaube.

Waren nur wir Männer unterwegs, schliefen wir über Wochen hinweg in Zelten und standen mit Anglerhut und -weste stundenlang bis zu den Oberschenkeln in eiskalten Gebirgsbächen. Wir brauchten nicht mehr. Ein typischer Tag sah so aus: früh aufstehen, gemeinsames Frühstück, fischen, fischen, fischen. Zwischendurch ein Bierchen aus unserem Depot im Fluss und ein Nickerchen im Schatten. Abends dann gegrillten Fisch am Lagerfeuer, von mir zubereitet. Diesen Outdoor-Luxus zog ich jedem Fünfsternehotel vor.

Mein Bruder Elmar und ich stiegen auch gern in der »Chilko Lake Lodge« ab. Diese Unterkunft in British Columbia, die es heute noch gibt, bestand damals noch aus recht einfachen Holzhäusern. Die standen am Ufer des 80 Kilometer langen Chilko Lake, in dem sich Berggipfel spiegeln, die bis in die Gletscherregion reichen. Von dort aus unternahm ich einmal einen Elfstundenritt. Ich war ja ein geübter Reiter, aber so lang am Stück hatte ich vorher auch noch nicht im Sattel gesessen. Ich versuchte, so entspannt wie möglich zu bleiben, aber das war nach einer Weile angesichts meiner Schmerzen im Hintern und im Kreuz unmöglich. Ich wusste nicht mehr, wie ich sitzen sollte. Mal nahm ich die Füße aus den Steigbügeln und kreuzte sie abwechselnd über dem Sattel, mal ging ich ein Stück zu Fuß. Die Pferde tränkten wir aus unseren Cowboyhüten.

Als wir am Ziel ankamen, glitt ich kraftlos aus dem Sattel. Ich habe gerade noch ein Bier getrunken, ein «Old Heidelberg», und bin dann am Lagerfeuer sofort eingeschlafen. Die anderen haben mich zugedeckt, und ich wachte am nächsten Morgen an genau derselben Stelle wieder auf. Ziemlich gerädert, aber mit einer tollen neuen Erfahrung im Kopf.

Doch auch die USA standen Kanada an unvergesslichen Erlebnissen in nichts nach. Einen besonderen Moment erlebte ich 1990 am Canyon de Chelly, den man ganz anders ausspricht, als man ihn schreibt, nämlich »de schäi«. Der Canyon de Chelly liegt einige Autostunden östlich vom Grand Canyon und ist eine etwa 40 Kilometer lange Schlucht mit irren Formationen aus rotem Sandstein. Ich stand auf einer Anhöhe: Vor meinen Füßen fiel die Felswand geschätzt 50 Meter steil ab. Unten im Canyon säumten lindgrüne Sträucher einen schmalen Flusslauf, drumherum waren nur Schotter und Staub. Von dort oben konnte ich beobachten, wie eine ganze Herde von Pferden angaloppiert kam. Ich dachte, es handele sich um Wildpferde und beobachtete das Schauspiel eine ganze Weile. In der Staubwolke, die die Pferde aufgewirbelt hatten, zeichnete sich schließlich in der Ferne die Silhouette eines Reiters ab. Als er näherkam, konnte ich ausmachen, dass seine langen schwarzen Haare über seine Schultern wehten. Die vermeintlichen Wildpferde waren gar keine. Sie ließen sich bei ihrem Besitzer, einem Native, für Ausritte mieten, wie ich herausfand. Und das brachte mich auf eine Idee: Ich war gerade 49 geworden. Was wäre, wenn ich meinen 50. Geburtstag mit Familie und Freunden im Canyon de Chelly feiern würde? Diejenigen, die nicht selbst aufs Pferd steigen wollten, könnten sich in einen Planwagen setzen.

Genauso machte ich es und organisierte alles für meine 20 Gäste. An meinem Ehrentag hatte man mir zunächst eine träge Mähre zugedacht. Ich fragte, ob es kein flotteres Pferd gäbe, und man brachte mir ein anderes. Sobald dieser Wallach gesattelt war, wollte er los. Wir ritten zu mehreren in einem ausgetrockneten Flussbett und ich startete im gestreckten Galopp. Damit mir nicht der Cowboyhut vom Kopf flog, hielt ich ihn mit einer Hand gut fest. Plötzlich kam von rechts hinten meine kleine Tochter Sophie angeritten und schrie strahlend: »Hey Papi, ist das nicht toll?« Mit zehn Jahren, die kleine Maus! Das war mein bestes Geburtstagsgeschenk. Diese Szene zeigt, wie nah und ähnlich Sophie und ich uns sind.

Wenn ich heute auf mein Leben zurückblicke, fallen mir viele großartige Erfahrungen ein, aber nur wenige davon spielen in irgendeiner Stadt. Auf der Maximilianstraße passiert dir sowas nicht. Richtige Abenteuer, die habe ich nur in der Natur mit Tieren erlebt. Schließe ich die Augen, sehe ich alles noch ganz genau vor mir. Ich rieche die harzige Waldluft, sehe, wie 200 Meter entfernt von uns ein Grizzlybär im See badet und schmecke den selbst gefangenen Fisch, den wir am Lagerfeuer aßen. Diese Momente haben mich so beeindruckt, dass sie auch jetzt noch ganz präsent sind. Ich muss im Geiste nur auf »Play« drücken.

Die Wildnis zu entdecken, heißt, sich selbst zu entdecken.

Vorsicht! Der Schnitzeldieb geht um!

Ich koche gern. Ich lasse mich gern bekochen. Ich bin ein Genießer. Und was das angeht, standen mir meine Hunde in nichts nach. Sie waren fellige Feinschmecker. Bisweilen allerdings kamen wir uns bei der Nahrungssuche in die Quere – so wie an einem verhängnisvollen Sonntag in den 1980er-Jahren. Da kochte ich, aber leider nur vor Wut!

Ich hatte ein Festmahl geplant, wollte für die ganze Familie Wiener Schnitzel zubereiten. Dafür hatte ich beim Metzger besonders feines Kalbfleisch bestellt. Sechs riesige Stücke aus der Keule, extradünn und bereits sanft geklopft. Schon beim Gedanken an den ersten Bissen packte mich die Fleischeslust! Ich kam also vom Metzger und platzierte die Tüte mit dem Kalbfleisch darin auf dem Küchentresen. Hängte noch kurz meine Jacke an die Garderobe und wollte anschließend mit dem Kochen beginnen. Doch als ich die Küche wieder betrat, war die Schnitzeltüte verschwunden! »Hat jemand mein Fleisch gesehen?« Fragend ging ich durchs ganze Haus, doch meine Familie zuckte nur unschuldig mit den Achseln. »Das kann doch nicht sein! Wo sind meine Schnitzel?«, fragte ich schon merklich wütender. In dem Moment war mit mir gar nicht gut Kirschen essen.

Ich suchte überall und hörte plötzlich auf der Terrasse ein verdächtiges Knistern. Ich fand Ero, zwischen meiner Plastiktüte und Bergen von Einschlagpapier. Vom Fleisch keine Spur mehr! Dafür schmatzte Ero hochzufrieden. Während er sechs Schnitzel in Rekordzeit verspeist hatte, blieb uns nur noch der Kartoffelsalat, den ich in den Kühlschrank gestellt hatte. Mir war allerdings der Appetit gründlich vergangen. Meine Tochter Valerie und Stephanie malten daraufhin ein Schild, das sie an die Küchentür hängten. Auf dem stand: »Vorsicht, der Schnitzeldieb geht um!« Leider konnte Ero ja nicht lesen.

Aron wiederum hat mir immer die Weihnachtsplätzchen geklaut – und das tütenweise! Ich dachte: Was guckt der mich jetzt so verdächtig an? Und schon wieder entdeckte ich eine leere Tüte auf dem Küchenfußboden. Sein Blick strotzte nur so vor schlechtem Gewissen. Da konnte ich ihm wirklich nicht lange böse sein.

Ansonsten habe ich Aron kulinarisch allerdings erst einmal umerziehen müssen. Er hatte in Schleswig-Holstein auf dem flachen Land das Licht der Welt erblickt. Ich brachte ihm also die bayerische Küche näher, dazu gehören selbstverständlich Brezn und Weißwürschtel. Wenn ich Letztere bei mir zu Hause servierte, bestellte ich immer ein paar für Aron mit. Ich hatte aus der Geschichte mit Ero dazugelernt. Ich »zuzel« ja, das heißt, ich sauge die Weißwurst aus der Haut heraus, wie es in Bayern üblich ist. War ich irgendwo außer Haus zum »Zuzeln«, brachte ich Aron die übrig gebliebenen Wurstpellen mit. Mit einem einzigen Schnapper waren sie weg. Und ich hatte wieder ein paar Pluspunkte gesammelt! Liebe geht eben auch durch den Hundemagen. Für meine Vierbeiner gab es nur das Beste: Häufig besorgte ich Kopffleisch vom Rind, das ich wie Gulasch schnitt und portionsweise zubereitete. Das haben alle meine Hunde wahnsinnig gern gegessen. Gleichzeitig handelt es sich um einen Snack mit Benefit: Kopffleisch ist hochwertig und eiweißreich, sorgt für einen gesunden Knochenbau und glänzendes Fell.

Weihnachten war natürlich der kulinarische Höhepunkt des Jahres. Dieses Fest zelebrierten wir im Hause Wepper immer auf besondere Art: Am Heiligen Abend trugen meine Hunde eine schwarze Smoking-Schleife und ich beschenkte sie mit bestem Steakfleisch. Eine wahrlich gesegnete Mahlzeit!

Alles in allem lernte ich: Bei fleißigen Mit-Essern wie meinen sollte man besonders auf die Ernährung achten – und im Zweifelsfall alles doppelt kaufen.

Während er sechs Schnitzel in Rekordzeit verspeist hatte,
blieb uns nur noch der Kartoffelsalat.

Wann ich vor Wut kochte

SUSANNE KELLERMANN

Das größte Konfliktpotenzial hatten bei uns die gemeinsamen Mahlzeiten. Ich koche sehr gern für Fritz, Filippa und mich. Aber der Spaß daran ist mir in Arons Anwesenheit oft vergangen. Mehrfach passierte es, dass er sich richtig teure Steaks aus der Küche mopste oder zumindest gierig an ihnen schleckte, wenn sie auf der Arbeitsfläche zum Anbraten bereitlagen. Mich hat das zur Weißglut getrieben, es war schlichtweg unhygienisch. Ich fand nicht, dass Aron unbedingt dabei sein musste, wenn ich im Haus von Fritz das Essen zubereitete. Doch er meinte nur: »Aron wohnt hier, der darf überall hin!«

Wir aßen meist zusammen in der Küche, da ist es am gemütlichsten. Kaum füllte ich die Teller und bat Filippa, sich hinzusetzen, machte Fritz für Aron eine Dose mit Hundefutter auf. Der Geruch war furchtbar! Aber Fritz ließ sich nicht davon abbringen. Er betonte: »Aron soll mit uns essen!« Hatte Aron seinen Napf leer geschleckt, wartete er gierig darauf, ob auf einem unserer Teller noch leckere Reste für ihn übrig bleiben würden. Hechelnd stand er neben uns und verfolgte gebannt jeden Bissen, den wir mit der Gabel zum Mund führten – auch das empfand ich als höchst unangenehm. Aber Fritz wiegelte ab: »Er schaut doch nur. Lass ihn doch!«

Um für mich unerträglichen Szenen wie diesen ein Ende zu setzen, schlug ich Fritz vor, er könne ja Aron schon füttern, bevor wir kämen. So wären das Gestank- und das Bettel-Problem auf einen Schlag gelöst gewesen. Aber das kam für ihn nicht infrage. Auch meine Idee, Aron könne ja eine Viertelstunde im Schlafzimmer warten, damit wir ungestört essen könnten, lehnte Fritz rigoros ab. In diesem Punkt verweigerte er einfach jegliche Diskussion.

»Die Vernunft beginnt bereits in der Küche«, schrieb Friedrich Nietzsche einmal. Diesen Satz würde es sicher nicht geben, wenn er mit Aron und uns in der Küche gesessen hätte.

Hundeleben mit fünf Sternen
(und Privatjet)

Liza Minnelli und ich lernten uns 1972 beim Dreh von »Cabaret« kennen, dem legendären Film-Musical, das mit acht Oscars geehrt wurde. Das war der Auftakt einer wunderbaren, lebenslangen Freundschaft. Dass Liza wie ich eine Hundefreundin ist, stellte ich erst viel später fest. Denn sie hatte bei »Cabaret« ihre Hunde nicht dabei, genauso wenig wie ich unseren Cocker Spaniel Benny. Der blieb zu Hause bei Mutti. Und so hatten Liza und ich beim Dreh ganz andere Themen, über die wir uns näherkamen. Wir besitzen den gleichen Humor, das hat uns auf jeden Fall gleich verbunden.

An einer Szene, die im Film vielleicht fünf Minuten dauert, haben wir drei Tage lang gedreht. Es handelte sich um eine einfache Unterhaltung, wir sitzen darin zu viert um einen Tisch: Liza, Michael York, Marisa Berenson und ich. Als Gigolo Fritz Wendel trug ich einen handgeknüpften schmalen Schnurrbart. Marisa Berenson musste vor laufender Kamera ein dürftiges Witzlein machen und ich sollte übertrieben reagieren. »Most amusing!«, rief ich laut Drehbuch aus. Wann immer es danach etwas zu lachen gab, platzierte Liza ihren rechten Zeigefinger waagerecht zwischen Mund und Nase und flötete: »Most amusing!«

In den Jahren danach trafen wir uns immer, wenn sie nach Deutschland kam oder in erreichbarer Nähe ein Konzert gab. Im April 1989 fand in München ein Ereignis statt, das die Presse als »Jahrhundertkonzert« feierte – was es definitiv auch war. Liza trat zusammen mit Frank Sinatra und Sammy Davis jr. im Rahmen ihrer »The Ultimate Event«-Welttournee in der Olympiahalle auf die Bühne. Bevor das Konzert begann, spazierte ich durch die unterirdischen Gänge der Anlage zu Lizas Garderobe, als mir Frank

Sinatra höchstpersönlich entgegenkam – mit Lizas kleinem Scottish Terrier an der Leine. Hinter Sinatra ging eine Tür auf und Liza schaute heraus. Sie strahlte mich an und sagte: »Uncle Frank, darf ich dir einen lieben Freund vorstellen?« Plötzlich tauchte auch noch Sammy Davis jr. auf, mit einer extralangen Zigarette zwischen den Lippen. Als Liza ihm erzählte, wer ich war, nahm er sie aus dem Mund und umarmte mich herzlich. Ganz nach dem Motto: »A friend of a friend is a friend.«

Erst da merkte ich, dass Liza anscheinend noch verrückter nach Hunden war als ich. Ihr Vierbeiner Ocho, ein Streuner aus Puerto Rico, durfte sogar mit aufs Foto für ihre Autogrammkarten! Mit schwungvoller Handschrift unterschrieb Liza gleich für ihn mit. »In Liebe, Ocho«, war unter dem Bild zu lesen. Wegen ihres Scottish Terriers Lilly hatte es auf der Tournee 1989 allerdings richtig Ärger gegeben: Liza hatte Lilly auf eine Autofähre nach Schweden geschmuggelt. Eigentlich hätte der Hund nach hiesiger Gesetzeslage vier Monate in Quarantäne verbringen müssen, das wollte Liza natürlich umgehen. Die Zollbeamten bemerkten nicht, dass Liza ein Tier im Auto versteckt hatte – leider aber die Hotelangestellten in Stockholm, die das Kläffen in ihrer Suite vernahmen.

Zwei Zollbeamte wurden in das Fünfsternehotel geschickt mit der Aufgabe, Lizas Hund in Gewahrsam zu nehmen. Sie aber wehrte sich lautstark und drohte, das abendliche Konzert platzen zu lassen, wenn man ihr den Hund wegnähme. Die Beamten gaben nach, verbrachten aber die Nacht vor der Hotelsuite, um sicherzustellen, dass die kleine Lilly das Hotel nicht verließ. Für die nächsten Tage waren mehrere Konzerte in Skandinavien angesetzt, daher ließ Liza ihre geliebte Lilly in Begleitung eines Bodyguards im Privatjet nach Paris ausfliegen. Dort wartete Lilly in einer eigenen Suite auf ihr Frauchen. Ein Hundeleben, das neidisch macht!

»A friend of a friend is a friend.«

Die fünf Säulen einer glücklichen Hund-Mensch-Beziehung

Über das Thema Hundeerziehung wurden und werden endlos viele Ratgeber verfasst. Entsprechend groß ist das Angebot für Lernwillige: Man kann Bootcamps und Seminare buchen, sich DVDs zu diesem Thema ansehen – oder Fernsehserien, in denen Profis zwischen Hund und Herrchen vermitteln, wenn es zwischen den beiden knirscht. Ich selbst habe vor vielen Jahren einen Hundeführerlehrgang absolviert, um meine Jagdhunde ausbilden zu können und um mehr über ihre Psyche zu lernen. Auch Züchter, mit denen ich Kontakt hatte, teilten ihr wertvolles Wissen mit mir.

Letztendlich haben sich für mich aus dem Gelernten und den Erfahrungen, die ich im Umgang mit meinen eigenen Vierbeinern machte, fünf tragende Säulen herauskristallisiert, auf denen mein persönliches Konzept der Hundeerziehung basiert. Und das hat bisher immer beide Seiten glücklich gemacht. Eine Win-Win-Situation, sozusagen. Hier kommen fünf Schlagwörter – wenn man diese im Hinterkopf behält, kann aus meiner Sicht kaum etwas schiefgehen.

Die erste Säule: Verantwortung

Ein Hund ist kein Spielzeug, das man weggibt, wenn man keinen Spaß mehr an ihm hat. Diese Tiere haben für mich einen ähnlich hohen Stellenwert wie meine Kinder. Beide brauchen intensive Betreuung, um kräftig und zufrieden heranzuwachsen. Bei den Hunden dauert es immerhin nicht so lange wie bei Menschen, die meisten Exemplare sind innerhalb eines Jahres ausgewachsen. Doch die Verantwortung geht danach ja weiter. Man trägt sie ein ganzes (Hunde-)Leben lang. Ich glaube, dass sich das leider viele Menschen nicht bewusst machen, ehe sie sich für einen felligen Mitbewohner entscheiden.

Dem Tierschutzbund zufolge werden in Deutschland jedes Jahr allein in der Sommerferienzeit rund 70 000 Tiere ausgesetzt. Weil ihre Halter nicht wissen, wohin mit ihnen, wenn sie sich in Richtung Strand oder Berge aufmachen. Vielleicht ist manchen Menschen auch die Ersatzbetreuung zu teuer. Was auch immer der Beweggrund jedes Einzelnen für diese Straftat sein mag – für mich ist sie das Schlimmste überhaupt. Einfach nur feige und abscheulich!

Denn wer sich für einen Hund entscheidet, muss auch bereit sein, die volle Verantwortung für dieses Lebewesen zu übernehmen. Mit allen Konsequenzen, die das mit sich bringt. Wenn ich länger im Urlaub war, auf Theatertournee ging oder wochenlang irgendwo drehte und meine Hunde nicht mitnehmen konnte, habe ich sie in vertrauensvolle Hände gegeben. Aber auch da gilt es, genau hinzuschauen: Einmal fiel ich auf eine Tierpflegerin herein, die auf den ersten Blick einen sehr kompetenten Eindruck machte. Doch als ich meinen Hund einige Tage später wieder abholte, war sein kuscheliges Bettchen, das ich von zu Hause mitgebracht hatte, von Urin durchtränkt. Das nenne ich das Gegenteil von fürsorglich! Da fiel mir nichts mehr ein.

Ja, ein Hund kann fordernd sein. Aron hat mich zwei- bis dreimal pro Nacht angestupst, wenn er sein Geschäft verrichten musste. Ich stand klaglos auf, ging die Treppe meines Hauses am Tegernsee hinunter und machte Aron die Tür zum Garten auf. Während er nach draußen in die Dunkelheit hechelte, setzte ich mich in meinen weißen Sessel in der Ecke des Wohnzimmers und wartete. Solche Dinge gehören eben dazu!

Die Verantwortung für einen Hund verlangt einem viel ab. Aber weil ich alles gab, durfte ich erfahren, wie meine Tiere es mir nachmachten. Auch sie übernahmen, soweit es ihnen möglich war, Verantwortung für mich. Sie beschützten mich, waren in allen Lebenslagen für mich da, als Begleiter und als Trost. Wie du mir, so ich dir – hier ganz im positiven Sinne.

Die zweite Säule: Vertrauen

»Money makes the world go 'round«, sang meine liebe Freundin Liza Minnelli im Film-Musical »Cabaret«, das wir gemeinsam drehten. Geld regiert die Welt – das stimmt bedingt. Es öffnet dir bestimmt viele Türen. Aber es ist nie der Schlüssel zu einem Herzen, das du für dich gewinnen willst. Das hielten mir meine Hunde vor Augen. Denn einen Hund kann man zwar kaufen – nicht aber sein Vertrauen. Das muss man sich verdienen, durch Kümmern, Kümmern und nochmals Kümmern.

Wissenschaftler waren sich lange uneinig, ob Hunde dazu fähig sind, Gefühle zu empfinden. Doch der Psychologe Gregory Berns, Professor für Psychiatrie und Verhaltensforschung an der Emory-Universität in Atlanta, untersuchte zwei Jahre lang die Hirnaktivitäten dieser Vierbeiner. Daraufhin schrieb er ein Essay mit dem Titel »Hunde sind auch nur Menschen«. Berns fand heraus, dass sich die Gehirne von Hunden und Menschen stark ähneln und sie daher ähnliche Gefühle empfinden. Wut, Trauer, Angst, Freude, Liebe – zu dieser ganzen Bandbreite sind sie fähig.

Die Erfolgsformel ist ganz einfach: Wer in seinem Hund möglichst oft Freude und Liebe hervorruft, gewinnt sein Vertrauen. Futter und Pflege sind dabei die großen Basics. Aber das Vertrauen wächst auch durch Kleinigkeiten: So sorgte ich zum Beispiel dafür, dass sich Aron in meinem Haus am Tegernsee wohlfühlte, indem ich es ihm dort besonders gemütlich machte. Neben meinem Bett, nahe meiner Couch im Wohnzimmer und im Garten richtete ich ihm in Form von gut gepolsterten Bettchen eigene Kuschelinseln ein, auf denen er nachts oder zwischendurch friedlich schlummerte. Draußen allerdings bevorzugte er immer die von Sonnenstrahlen angewärmte Wiese.

Machte Aron einmal Fehler, schrie ich nicht »pfui« oder »böser Hund«, sondern streichelte ihn und erklärte ihm, was schiefgelaufen war und wie er es beim nächsten Mal besser machen konnte. War es dann wirklich so, lobte ich ihn überschwänglich dafür. Das nennt man positive Verstärkung. Ein pädagogisches Konzept, das in der Kindererziehung Berühmtheit erlangte. Auch bei vierbeinigen »Kindern« funktioniert es bestens. Arons Vertrauen wuchs mit jeder Minute, die ich mir mit ihm und für ihn Mühe gab. So entstand ein unbezahlbares Gefühl der Geborgenheit.

Die dritte Säule: Verständigung

Wie kann man miteinander kommunizieren, wenn man völlig unterschiedliche Sprachen spricht? Bei meinen ersten Reisen nach Monte-Carlo mit Anfang 20 fand ich immer einen Weg, mit bildhübschen Französinnen zu flirten, auch wenn ich nur wenige Brocken ihrer Muttersprache beherrschte. Ein nach seinem Besitzer »Oscar« benanntes Restaurant hatte es meinen Freunden und mir damals besonders angetan, denn der Chef hatte eine engelsgleiche Tochter. Wir zwei blickten einander tief in die Augen – und damit war alles Wichtige gesagt. Die Augen sind das Tor zur Seele, sagt man ja immer. Und die lässt sich auch ohne große Worte erfassen. Das funktioniert bei Menschen genauso wie bei Hunden. Genau wie Zweibeiner sehnen sie sich nach seelischer Nähe. Ich gab ihnen »unlimited access«.

Meine Hunde konnten mich allerdings sowieso schnell »lesen«. Das liegt wohl daran, dass ich immer geradeheraus bin. What you see is what you get. Da gibt es keine Maskerade. Der Fritz ist der Fritz. Vielleicht war die nonverbale Kommunikation zwischen mir und meinen Jagdhunden sogar noch intensiver als mit anderen Rassen. Denn auf der Jagd nutzten wir eine eigene Sprache: Aron pirschte immer weit vor mir durch Wiesen und Felder. Blieb er stehen und zog seine Vorderpfote an, wusste ich, er hatte ein Wildtier erspäht. Machte er seine Aufgabe gut, belohnte ich Aron nicht ständig durch Leckerlis. Wir waren uns so nah, dass er das nicht brauchte. Augen- und Körperkontakt waren ihm lieber.

Auch Pfötchengeben habe ich ihm nie antrainiert. Wenn er mir seine Pfote reichte, kam das aus ihm heraus. Es passierte in Momenten, in denen er mir vermitteln wollte: »Nimm's nicht so schwer, es wird auch wieder besser.« Dieses Mitgefühl und den ein oder anderen gut gemeinten Ratschlag konnte ich an seinem Augenspiel und an seiner Körperhaltung ablesen.

Ein spannender Nebeneffekt: Dadurch, dass ich meine Beobachtungsgabe im Umgang mit meinen Hunden schulte, gelang es mir, auch Menschen schneller einschätzen zu können. Meine Wahrnehmungsgabe in Bezug auf andere Lebewesen erweiterte sich automatisch. Hunde fordern einen dazu auf, die kleinsten körperlichen Signale zu registrieren und zu interpretieren. Eine Fähigkeit, von der ich mein ganzes Leben lang profitiert habe. Mit meiner Einschätzung lag ich nur selten daneben.

Die vierte Säule: Augenhöhe

Ich war in meinem Leben nie Untertan, habe mich nie von anderen wie Knetmasse formen lassen. Und das wollte ich auch von meinen Hunden nicht verlangen. In Ratgebern lässt sich nachlesen, dass Hunde einen Rudelführer brauchen. Dass sie genau wissen wollen, wo sie in der Rangordnung stehen.

Aber bei mir gibt es keine Rangordnung, die von oben nach unten funktioniert. Bei mir herrscht die flachste Hierarchie der Welt. Aron und ich standen auf einer Stufe, wir haben einander geliebt. Er folgte meinen Ansagen, weil er mir vertrauen konnte und wusste, dass ich bereit war, bis ans Ende seiner Tage die volle Verantwortung für ihn zu tragen. Unser Zusammenleben funktionierte auf Augenhöhe, auch wenn ich ihn überragte.

Die fünfte Säule: Körperkontakt

Streicheleinheiten sind für Hunde unheimlich wichtig. Dadurch erfahren sie Freundschaft, Sympathie und Liebe. Davon konnte Aron gar nicht genug bekommen! Wenn ich im Wohnzimmer auf meinem Liegesessel lag, sprang er mit Inbrunst auf mich und legte seinen Kopf auf meine Brust. So, dass er mir tief in die Augen schauen konnte. In seinen Augen las ich wiederum die unmissverständliche Aufforderung: »Nun streichle mich gefälligst!« Ich kam seinem Wunsch nur allzu gern nach und ließ meine Finger über den immer ruhiger atmenden Hundekörper gleiten, der mich wärmte wie eine lebendige Thermodecke.

Ich habe Aron, wie allen meinen Hunden, so viel Körperkontakt geboten wie nur irgend möglich. Das ist mir bei Menschen, die ich liebe, natürlich ebenso wichtig. Während des Corona-Lockdowns fehlten mir unsere Umarmungen, die körperliche Nähe. Die typische Corona-Begrüßung per Ellenbogen lag mir nicht.

Aron war am glücklichsten, wenn meine Frau Sanne, meine Tochter Filippa und ich beisammen waren. Er begrüßte die beiden mit einem schleswig-holsteinischen »Freuden-Jodler«, den ich sonst nie von ihm zu hören bekam. Und er liebte es, mit Filippa zu schmusen. Sie gewöhnte sich von klein auf an seine Art und wusste, dass sie keine Angst vor ihm haben musste. Er rannte eben stürmisch auf sie zu, weil er sie so stürmisch liebte. Das ist einfach wepperisch.

What you see is what you get. Da gibt es keine Maskerade.

Eine Glückskatze nimmt das Schicksal in die Pfoten

SUSANNE KELLERMANN

Fritz sagt immer, seine Hunde hätten sich ihn ausgesucht – nicht umgekehrt. Auch ich glaube, dass Tiere von Zeit zu Zeit unser Schicksal in ihre Pfoten nehmen. Auch mir ist das schon passiert.

Meine Eltern hatten einen wunderbaren Kater namens Amadeus. Er war als Baby zu ihnen gekommen, als winziges Fellknäuel, das genau in eine Hand passte. Anfangs gab er sich verschmust, später entwickelte er sich zu einem stolzen Herrn, der wie eine weise Eminenz alles überwachte. Amadeus war sehr präsent, strahlte Stärke aus. Leider wurde er im Alter schwer krank und meine Eltern litten sehr, als sich herauskristallisierte, dass bald der Tag kommen würde, an dem ihr geliebter Kater eingeschläfert werden müsste.

Zu dieser Zeit war ich einige Wochen als Kamerafrau in Wiesbaden im Einsatz. Wir drehten gerade eine Filmszene im Park, als ein klägliches Maunzen ertönte. Fragend schauten meine Kollegen und ich in alle Richtungen. Wo kam das bloß her? Da entdeckten wir hoch oben in einem der umstehenden Bäume ein kleines Kätzchen. Wie war es nur dort hinaufgelangt? Egal. Auf jeden Fall kam es allein nicht mehr hinunter, daher miaute es auch lautstark.

Mit Räuberleiter und vollem Körpereinsatz schafften wir es schließlich, das Tier herunterzuholen. Am Boden angekommen, wiegte ich das Kätzchen in meinen Armen wie ein Baby und schaute es mir genauer an. Es war tatsächlich eine Glückskatze! Ihr Fell hatte drei Farben: Weiß, Karamell und Schwarz. Eine unglaubliche Seltenheit! Nun hielt ich also diese Portion Glück in meinen Händen. Aber wohin damit? Das Team schaute mich grinsend an und damit war für alle die Entscheidung klar.

Ich nahm die Katze mit in mein für den Dreh gemietetes Appartement und taufte meine neue Mitbewohnerin »Chica«, auf Spanisch: »Mädchen«. Schließlich waren wir ja eine echte Mädel-WG! Am nächsten Tag hängten wir in der näheren Umgebung des Parks Zettel mit einem Foto von Chica auf. Aber es meldete sich nie jemand. Fast war ich ein wenig froh darüber. Ich hatte es Chica in der Zwischenzeit richtig gemütlich gemacht, ein Katzenklo besorgt, Spielzeug und alles, was man so braucht. Sie wuchs mir ans Herz: Wenn ich ging, weinte Chica, und ich brachte es kaum fertig, sie allein zu lassen. Kam ich zurück, freute sie sich so sehr, dass sie wie wild durch die ganze Wohnung flitzte. Sie war eine richtige Persönlichkeit: schlau, witzig, lieb und hübsch wie ein Mannequin mit ihren irre langen Hinterbeinen.

Ich selbst war zu viel unterwegs, um einem Haustier ausreichend Gesellschaft leisten zu können. Aber mir kam eine Idee, bei wem Chica gut aufgehoben sein könnte. Als der Film abgedreht war, nahm ich sie mit zu meinen Eltern! Als ich nachmittags bei ihnen ankam, begrüßten sie mich mit einer traurigen Nachricht: Amadeus war wenige Stunden zuvor eingeschläfert worden. Meine trauernden Eltern waren natürlich etwas überrumpelt, als ich ihnen Chica vorstellte. Aus Respekt vor Amadeus hätten sie sich nie so schnell Gedanken über eine neue Katze gemacht. Aber wie es das Schicksal so wollte, war Chica nun da – und blieb als geliebtes und allseits respektiertes Familienmitglied.

So wurde sie gleich im doppelten Sinn
zu einer echten Glückskatze.

Ein Kampf bis aufs Blut

Ich liebe Sylt. Ab Ende der 1960er-Jahre war Deutschlands nördlichste Insel mein Standard-Sommerziel. Damals konnte ich noch für 22 Mark in einer Pension übernachten und lag tagsüber nackt an der »Buhne 16«, dem FKK-Strand von Kampen.

Aber eigentlich ist Sylt mehr für Hunde gemacht als für Menschen. Ob Ero, Andy, Honey oder Aron – sie durften alle mitkommen und sich Seeluft um ihre feuchten Nasen wehen lassen. So schnell konnte ich gar nicht gucken, wie die losliefen, sobald wir den Strand erreicht hatten. Sie jagten über den für Hunde bestimmten Abschnitt, flitzten durch die Dünen und hechteten dort dem ein oder anderen Kaninchen hinterher. Statt eines Halsbandes hatte ich Honey ein großes rotes Taschentuch umgebunden, damit tänzelte sie stolz zwischen ihren Artgenossen umher. Die rote Farbe hatte außerdem den positiven Nebeneffekt, dass ich sie auch aus großer Entfernung noch gut erkennen konnte. Unsere gemeinsamen Auszeiten auf Sylt verliefen immer friedlich. Ich konnte beobachten, wie die Tiere auftankten und die endlose Weite am Strand voll auskosteten.

Aber eines Tages kam es zu einem Vorfall, der mir bis heute in den Knochen sitzt. Es war ein wolkenfreier, windiger Tag und ich steuerte gerade mit beiden Händen meinen großen Lenkdrachen am Himmel. Da ging auf einmal lautes Gebell und Gejaule los. Ich drehte mich um und sah, wie Ero und Andy übereinander herfielen.

Vater und Sohn! Bisher waren die zwei stets ein harmonisches Gespann gewesen, daher war ich völlig erschrocken über ihr Verhalten. Im Nachhinein wurde mir klar, dass es sich wohl um einen Hierarchiekampf gehandelt haben muss. Der heranwachsende Andy wollte seinem Vater klarmachen, wer der Stärkere war.

Rufen half nichts, die beiden hatten sich ineinander verbissen – einer in die Lefze, der andere in die Pfote seines Kampfgegners. Ich weiß, dass man als Hundehalter nicht dazwischengehen sollte, wenn es sich um einen handfesten Kampf handelt. Auch um eigene Verletzungen zu vermeiden. Doch damals konnte ich nicht anders, ich wollte unbedingt Frieden zwischen den beiden stiften. Ich griff ein und konnte Ero und Andy tatsächlich voneinander trennen. Dabei kam ich mit einem Kratzer davon. Aber die beiden bluteten stark und mein T-Shirt war schnell von roten Flecken übersät. Meine Hunde waren immer noch so aggressiv, dass ich sie getrennt voneinander zum Tierarzt fahren musste. So ein Ringen um Macht kam zwischen Ero und Andy danach, Gott sei Dank, nie wieder vor. Zwischen ihnen war die Sache wohl geklärt, selbst wenn ich mich heute noch frage, warum es gerade zu diesem Zeitpunkt zum Kampf kam.

Wir Menschen wollen alles begreifen und verstehen. Aber die Natur hat ihre eigenen Gesetze, das führte mir diese Episode vor Augen. Menschen und Tiere leben zwar in ein und derselben Welt. Dennoch besitzen wir je eigene Bewegungsapparate, haben eine unterschiedliche Gesinnung. Daher lautet das Schlüsselwort auch: Toleranz.

Das gilt nicht nur für Beziehungen zwischen Hund und Herrchen, sondern auch für die zwischen Mensch und Mensch. Man muss Fremdes akzeptieren können und sollte nicht ständig versuchen, sein Gegenüber auch noch bis ins letzte Seelen-Eck zu domestizieren. Das ist ein Kampf, den man nur verlieren kann.

Leben und leben lassen, das ist zumindest mein Motto.

Ben Hur, mit dem Herz in der Hand

Auf dem Rücken eines Pferdes zu sitzen, hat mir schon immer großes Vergnügen bereitet. Aber einfach nur nett durch die Landschaft zu reiten, war mir irgendwann nicht mehr genug. Ein ehemaliger Klassenkamerad, den ich noch vom Wittelsbacher Gymnasium kannte, besaß eine Pferderennbahn in Pfaffenhofen und meinte zu mir: »Wäre das kein Sport für dich?« Kurz darauf saß ich das erste Mal im Sulky, einer Art einachsigen Kutsche, und donnerte hinter einem Pferd mit 60 Stundenkilometern über die Rennstrecke.

Wenn man sich ein Trabrennen im Fernsehen oder vom Rande der Rennstrecke aus ansieht, macht das Ganze erst einmal einen recht gemütlichen Eindruck auf den Betrachter. Aber der Wettbewerb im Feld ist unheimlich stark, es wird gekämpft bis aufs Blut und das maximale Risiko eingegangen, um zu gewinnen. Ich kam mir oft vor wie Ben Hur bei seinen legendären Leinwand-Wagenrennen! Ein paarmal bin ich übel gestürzt, auch, weil mich Mitstreiter bedrängten. Zweimal fiel ich zu Boden und die Pferde der anderen trampelten haarscharf an mir vorüber. Da dachte ich schon, mein letztes Stündlein habe geschlagen. Dass ich mich damals nie ernsthaft verletzt habe, ist fast schon ein Sechser im Lotto.

Und obwohl dieser Sport ziemlich brachial sein kann, verlangt er den Fahrern viel Feingefühl und Einfühlungsvermögen ab. Das hatte ich dank Fräulein Schuster, meiner ersten Reitlehrerin, parat. So fuhr ich immer mit dem Herz in der Hand. Denn die Hand hält die über die Zügel Trense und über diese kommuniziert man mit seinem Pferd. Nur so kann man mit ihm »sprechen«. Und das muss auf eine Weise geschehen, die das Tier gern mitmacht. Denn zwingen kann man es in diesem Sport nicht. Dann verlieren beide, Pferd und Reiter.

Mein Freund aus Pfaffenhofen nahm mich unter seine Fittiche, ich trainierte anfangs jeden freien Tag. Er feuerte mich an: »Fritz, du musst draufsitzen wie der Leibhaftige!« Er hat mich so getriezt, dass ich 1987 gleich mein erstes Prominenten-Trabrennen in München-Daglfing gewann. Meine Tochter Sophie war sechs, kam bei der Siegerehrung zu mir gerannt und gratulierte mir mit einem Blumensträußchen. Dieser Charity-Wettkampf war von TV-Moderator Frederic Meisner organisiert worden, und ich hatte daraufhin die Idee, dass man das doch auf jeder deutschen Rennbahn stattfinden lassen könnte.

Ich ging in der Folge unter anderem in Hamburg, Berlin und Mönchengladbach an den Start. Um den Sieg kämpften mein Bruder Elmar, mein Freund Bernie Herzsprung, Jürgen Drews, Raimund Harmstorf, Günther Jauch und viele weitere Kollegen aus der Showbranche. Der Erlös kam der UNICEF-Kinderhilfe zugute, deren Ehrenbotschafter Joachim Fuchsberger damals war. Ihm konnten wir nach einem Jahr einen dicken Scheck überreichen.

Ich begeisterte mich mehr und mehr fürs Trabrennen, züchtete sogar selbst Pferde. Aber die fressen einem sprichwörtlich die Haare vom Kopf: Futter und Training für meine acht Tiere kosteten über 10 000 Mark im Monat, ein stattlicher Betrag, den man versuchen musste, über Siegerprämien wieder reinzuholen. Einmal gewann ich mit meinem schnellsten Traber, Kentucky Island, 36 000 Mark, das war natürlich toll. Allerdings habe ich aus gutem Grund nie Einnahmen und Ausgaben gegeneinander gerechnet, das wäre zu deprimierend gewesen.

Bei den Charity-Rennen für Prominente wurde ich meinen Freunden mit der Zeit zu gut. Sie schimpften: »Fritz, jetzt reicht‘s, geh zu den Amateuren.« Ich legte die nötige Prüfung ab und gewann 1991 mein erstes Rennen in Gelsenkirchen – und zwar mit einem Pferd, das mir Heinz Wewering geliehen hatte. Wewering war sozusagen der Franz Beckenbauer des Trabrennsports, ein Gott! Zu dem Zeitpunkt hatte er schon vier Europameister-Titel geholt, später wurde er zweimal Weltmeister. Wir kannten uns aus dem Renngeschehen und verstanden uns gut.

Nach meinem Sieg kam ein Rennbahn-Mitarbeiter zu mir und forderte mich auf: »Herr Wepper, bitte zur Rennleitung!« Ich dachte schon, ich hätte einen Fehler gemacht, falsch überholt oder jemanden behindert. Zur Rennleitung gebeten zu werden, bedeutete selten etwas Gutes. In meinem Fall schon. Als ich das Büro betrat, begrüßte man mich mit den Worten: »Wir haben eine freudige Überraschung. Herr Wewering ist für Sie am Telefon.« Ich nahm den Hörer in die Hand und Wewering sagte: »Herzlichen Glückwunsch zu Ihrem ersten Amateur-Sieg. Ich freue mich so, als hätte ich die Deutsche Meisterschaft gewonnen.« Wewering schenkte mir eine blau-weiße Peitsche, die er selbst bei Rennen benutzt hatte. Die steht seither bei mir vor dem Haus – als Zeichen für meine damalige Lektion:

Auch als Anfänger kann man es aufs Siegertreppchen schaffen, wenn man sich nur wirklich dahinterklemmt!

Mein musikalischer Kraftort

Es war ein Sonntagsritual zwischen Aron und mir. Vormittags hörten wir oft zusammen klassische Musik, denn die mochte er am liebsten. Ich sehe ihn noch vor mir, wie er dann in seinem kuscheligen Bett lag, alle viere von sich gestreckt, die Augen geschlossen. Ganz ruhig. Ich würde sogar sagen, beseelt.

»Ohne Musik wäre das Leben ein Irrtum«, hat Friedrich Nietzsche einmal gesagt. Ich sehe das ähnlich. Musik begleitet mich seit jeher und ist ein fester Bestandteil meines Alltags: Meine Mutter liebte die Oper und das Ballett, auf ihrem Grammophon hörten mein Bruder Elmar und ich als kleine Jungs Mario Lanza, der in den 1950er-Jahren einer der bekanntesten Opernsänger der Welt war, und den österreichischen Tenor Richard Tauber. Mittwochabends war das Wunschkonzert mit Moderator Fred Rauch im Bayerischen Rundfunk Pflicht. Mutti schickte uns auch zum Klavierunterricht. Leider entpuppte sich die Lehrerin nicht gerade als pädagogische Leitfigur. Wenn wir falsch spielten, ließ sie den Klavierdeckel auf unsere kleinen Finger heruntersausen. Schrecklich! Als sie uns dann noch vorwarf, wir hätten Seiten aus ihrem Notenheft entwendet, meldete meine Mutter uns ab. Diese Unterstellung wollte Mutti nicht auf uns sitzen lassen. Einerseits war ich froh darüber, andererseits bedaure ich es bis heute, dass ich dadurch aufgehört habe, dieses Instrument zu spielen. Heute lausche ich gern Sanne, wenn sie am Klavier sitzt. Meine Frau ist eine konzertreife Pianistin, was auch Aron zu schätzen wusste.

Ich besitze 700 Schallplatten, von Klassik über Blues bis hin zu Rock. Die lebensbejahenden Rhythmen der »Gipsy Kings« begeistern mich seit den 1970er-Jahren, die samtige Stimme von Elvis Presley noch länger. Den Song »Willkommen, Bienvenue, Welcome

...« aus dem Film »Cabaret«, den ich 1971 drehte, könnte ich den ganzen Tag hören. Aron schaute gern mit mir »The Voice of Germany« und hätte einen prima Juror bei den »Blind Auditions« abgegeben. Schließlich hören Hunde mehr als doppelt so gut wie wir Menschen, nehmen sehr tiefe und sehr hohe Tonfrequenzen, die unseren Ohren verborgen bleiben, wahr. Zu seinem Wohle drehte ich Musik in meinem Haus oder im Auto nie so laut auf, wie ich es manchmal gern getan hätte. Schließlich sollte sie auch für Aron ein Genuss und keine Qual sein. Man muss als Hundebesitzer schon Rücksicht walten lassen.

Arons Liebe für Klassik bemerkte ich erstmals in einer Heilbronner Hotelsuite: Wir bezogen sie gemeinsam und Aron schnüffelte sich erst neugierig durchs Schlafzimmer, dann durchs holzgetäfelte Bad und schließlich durch das Wohnzimmer. Als ich dort den Fernseher anmachte, war zufällig ein Konzertmitschnitt zu sehen: Ein Pianist spielte eine Klaviersonate von Beethoven. Aron blieb wie versteinert stehen, bewegte sich keinen Millimeter vom Fleck und starrte Richtung Bildschirm. So verharrte er, bis der letzte Ton verklungen war. Da wurde mir bewusst, was für einen feinfühligen Hund ich habe. Und dass ich ihm – genau wie mir selbst – mit Musik eine Freude machen kann.

Wissenschaftler der Universität Glasgow haben herausgefunden, dass auch Hunde einen eigenen Musikgeschmack besitzen. Die schottischen Forscher spielten Vierbeinern in Tierheimen unterschiedliche Genres vor und erlebten, wie dabei der Herzschlag der felligen Zuhörer merklich ruhiger wurde. Reggae und Soft Rock waren bei den meisten am wirkungsvollsten, aber eben nicht bei allen. Genau wie wir Menschen lassen sich auch Hunde nicht über einen Kamm scheren. Aber Herrchen oder Frauchen finden durch genaues Hinhören und Hinschauen schnell heraus, für welche Klänge ihr Vierbeiner ein Faible hat.

Sogar Haie sind gierig nach Musik, das zeigte die TV-Doku »Bride of Jaws« von 2015. Das australische Filmteam lockte damals einen knapp fünf Meter langen und 1,6 Tonnen schweren weißen Hai über Unterwasserlautsprecher mit Heavy-Metal-Klängen an. Der Koloss liebte AC/DC-Hits wie »You Shook Me All Night Long« und »If You Want Blood (You Got It)«. Haie spüren die Vibrationen von Klangwellen dank ihres sogenannten Seitenlinienorgans, das vom Kopf bis zur Schwanzflosse verläuft. Es hilft ihnen dabei, im endlos großen Ozean Beute aufzuspüren. Die tiefen, rumpelnden Heavy-Metal-Töne fühlen sich für Haie an wie zappelnde Fische und sind daher besonders aufregend.

Musik kann im Körper die unterschiedlichsten Reaktionen auslösen, das gilt für Tiere genauso wie für Menschen. Sie kann beruhigen, trösten und Glückshormone produzieren – so wie bei mir, als ich während des Drehs der letzten Staffel von »Um Himmels Willen« vor laufender Kamera »The Time Of My Life« schmettern durfte.

Hier kommen meine Top Five der Hunde-Entspannungsmusik, von Aron getestet und für gut befunden:

1) Gefangenenchor aus »Nabucco«

2) 1. Klavierkonzert op. 23 in b-Moll von Tschaikowsky

3) Nessun dorma aus »Turandot«, gesungen von Luciano Pavarotti

4) 21. Klavierkonzert in C-Dur von Mozart

5) 2. Violinromanze von Beethoven

Unsere gemeinsamen Klassik-Auszeiten waren für mich mindestens so wichtig wie für Aron. So wie er sich fallen ließ, von einem auf den anderen Moment abschaltete und vollkommen entspannte – davon können wir Menschen ganz schön was lernen. Ich mache es jetzt wie Aron: Erklingen die ersten Takte, schließe ich meine Augen und bin in einer anderen Welt. Ohne Sorgen, ohne Stress.

Musik ist mein Kraftort,
den ich aufsuchen kann,
wo immer ich bin.

Das Mercedes-Massaker

LEOPOLD PRINZ VON BAYERN

Ero und Fritz waren unzertrennlich. Den einen gab's nicht ohne den anderen. Der Hund durfte überall hin mit – egal, ob Fritz in die Kirche ging oder in eine Bar. Ero begleitete ihn zum Drehen und nahm beim Abendessen stets neben ihm auf dem Boden Platz. Man muss wissen: Fritz ist ein extremer Hundeliebhaber. Wenn er sich solch ein Tier anschafft, dann nimmt er das sehr ernst.

Einmal wurde ich in Alzey bei Mainz auf eine Fasanenjagd eingeladen und durfte einige Freunde mitbringen. Natürlich lud ich Fritz ein, der anbot zu fahren. Aber wir passten nicht alle in sein Auto. Um auch Ero und die Ausrüstung unterbringen zu können, lieh Fritz sich kurzerhand von unserem guten Freund Karli Dersch einen Wagen aus. Karli war Chef der Daimler-Benz-Niederlassung in München und überreichte Fritz großzügig die Schlüssel für einen nigelnagelneuen Kombi.

Als wir in Alzey ankamen, stellte sich heraus, dass Ero leider nicht auf die Jagd mitkommen durfte. Der Gastgeber wollte aus irgendeinem Grund nicht, dass Hunde dabei waren. Fritz lenkte gleich ein: »Kein Problem! Ich lasse den Ero einfach im Mercedes.« Er stellte ihm eine Schale Wasser und etwas Futter ins Auto, streichelte ihn nochmal ausgiebig und wir brachen gut gelaunt auf. »Das passt schon«, erklärte Fritz locker. Die Jagd, die teilweise in Weinbergen stattfand, war ein großartiges Erlebnis. Ganz euphorisch kamen wir zurück.

Doch beim Blick auf den Mercedes blieb uns allen fast das Herz stehen. So etwas hatten wir noch nie gesehen! Ungläubig schritt ich um den Wagen herum und starrte mit großen Augen durch die Fenster. Ero war anscheinend stinksauer darüber gewesen, dass sein Herrchen ihn zurückgelassen hatte. Denn er hatte in unserer Abwesenheit das Auto komplett auseinandergenommen! Die Innenverkleidung hing rundherum in Fetzen herunter und auch über die Polster hatte Ero sich mit seinen scharfen Zähnen hergemacht. Sogar das Armaturenbrett war angenagt! Ein großes Donnerwetter gab es für ihn nicht, zumindest kann ich mich daran nicht erinnern. Fritz hat seinem Hund so gut wie alles verziehen.

Wie ich später hörte, belief sich der Schaden auf 20 000 Mark. Nachdem Fritz das Auto zurückgebracht hatte, rief der Karli mich an und sagte: »Ich habe ja schon vielen VIPs ein Auto geliehen. Aber noch nie kam eines so zurück wie dieses!« Dem Fritz war das unheimlich peinlich. Nur Ero triumphierte. Er hätte Fritz nicht eindrücklicher klarmachen können:

Wenn du mich noch einmal einsperrst,
dann weißt du, was dir blüht ...

Glück verdoppelt sich, wenn man es teilt

Geben ist seliger als Nehmen, so steht es im Neuen Testament. Diese Zeile kennt wohl fast jede und jeder, ob nun bibelfest oder nicht. Aber wirklich verstanden habe ich sie erst durch die Tiere in meinem Leben.

Ein Tier zu hegen, zu pflegen und dafür zu sorgen, dass es ihm gut geht, erfüllte mich schon als 13-Jähriger mit einem unvorstellbaren Glücksgefühl. Da spürte ich mit Kopf und Herz, dass Geben sich weitaus besser anfühlt als Nehmen. Ein echter Aha-Moment und eine Erkenntnis, die so eindrücklich auf mich wirkte, dass sie ein Leben lang fest in mir verankert blieb. Natürlich freute ich mich über die vielen Chancen, die ich erhielt und erfolgreich ergriff. Ich freute mich über jede Auszeichnung, jede Einladung und jeden Scheck. Aber noch zufriedener macht es mich, ein anderes Lebewesen, hat es nun vier oder zwei Beine, zu beschenken. Manche Menschen sagen, ich sei manchmal zu großherzig, könne niemandem eine Bitte abschlagen. Aber das liegt daran, dass es mir eine ungemeine Freude bereitet, wenn ich etwas zum Glück anderer beitragen kann. Glück verdoppelt sich, wenn man es teilt.

So war es auch zwischen mir und Aron. Ich konnte ihn nicht nur artgerecht versorgen, sondern ihm als Jagdhund auch etwas ganz Besonderes bieten: Der Familie meiner verstorbenen Frau Angela gehörte bis vor Kurzem eines der schönsten Jagdreviere, das ich kenne. In der Grafschaft Schlitz, die zwischen Frankfurt und Kassel liegt, verteilten sich auf 1500 Hektar drei märchenhafte Täler, in denen gewaltige Eichen, Kiefern und Douglasien stehen. Zu Zeiten von Wilhelm II. war dieses Revier berühmt für sein Auerwild. Der Kaiser war mit dem damaligen Grafen von Schlitz befreundet. Als seine Majestät ihn mit dem Zug besuchen wollte, wurde eine schmale Bahntrasse verlegt, damit Wilhelm II. sein Ziel auch problemlos vom letzten Bahnhof aus erreichen konnte.

In der Willina, einem wunderschönen steinernen Forsthaus mit roten Dachziegeln, dunkelgrünen Fensterläden und wuchtigen Fachwerkbalken, steht bis heute auf einer kleinen Kommode ein altes Foto des Kaisers. Das habe ich immer vorsichtig beiseitegestellt, wenn ich meinen Jagdkoffer auf diesem Möbelstück platzierte. »Gestatten, Majestät«, sagte ich dann – und hob Wilhelm II. hinüber auf den Fenstersims. Vor meiner Abreise kam er natürlich immer wieder zurück an seinen alten Platz.

Ich war oft mit Aron in Schlitz, zur Jagd oder auch nur, um ein Auge aufs Revier zu haben. Es war wunderbar, Aron beim Wittern, Anschleichen und Herumtollen in freier Wildbahn zu beobachten. Er brauchte die Natur, schließlich war er ein Jagd- und kein Schoßhund. Je nach Wind und Wetterlage saßen wir zwischen zwei und vier Stunden an – so heißt es im Fachjargon, wenn man sich auf einen Hochsitz begibt. Aron machte ich unten mit der Leine fest, denn ich wollte gefährliche Situationen vermeiden.

Einmal ergab sich aber eine ebensolche: An dem Tag hatte ich die Leine vergessen und beschwor Aron, zwei Meter unter mir ruhig im Gras liegen zu bleiben. Das funktionierte anfangs auch gut. Doch plötzlich hörte ich ein Rascheln und Aron sprang auf. Wenige Meter von uns entfernt kamen zwei Bachen, also weibliche Wildscheine, mit 13 Frischlingen in Sicht. Aron bellte und ein Muttertier drehte sich gleich zu uns, senkte seinen Kopf und fing wütend an zu stampfen. Ich rief: »Aron, down – leg dich hin!« Doch Aron hörte nicht und ich rief noch einmal, schon viel nervöser: »Aron, down!« Die Bache schnaubte und ich wusste: Wenn Aron auch nur wenige Schritte auf sie zugehen würde, könnte es zu einem ungleichen Kampf kommen. Wildschweine können bis zu 200 Kilogramm schwer werden und ein Tempo von 50 km/h erreichen. Ihre Zähne sind messerscharf und tödliche Waffen. Normalerweise stuft man Wildschweine als ungefährlich ein, doch wenn sie Angst um ihren Nachwuchs haben, machen sie kurzen Prozess. Also ich noch mal: »Aron, down!« Endlich hörte er und legte seine

Schnauze wieder ins Gras. Die Bache beruhigte sich, drehte ab und zog mit ihrer Sippe von hinnen. Vor lauter Erleichterung stieg ich hinunter zu Aron und nahm in fest in den Arm. Wer weiß, wie ein Gefecht zwischen ihm und den Wildschweinen ausgegangen wäre. Das mag ich mir gar nicht ausmalen.

Ich bin dankbar für unsere gemeinsamen Abenteuer und dankbar dafür, dass ich Aron so ein tolles Leben schenken konnte. Wer mit dem Herzen gibt, ohne im Gegenzug etwas zu erwarten, schafft positive Energie, heißt es bei den Buddhisten. Und ich bin ja schon seit Ende der 1970er-Jahre Anhänger des Zen-Buddhismus. Zen ist eine Lebensanschauung, die mich dazu gebracht hat, im Augenblick zu leben. Das, was ist, zu trennen von dem, was sein könnte oder in der Vergangenheit gewesen ist. Jetzt ist jetzt, hier ist hier. Und für alles, was hier ist, sollten wir dankbar sein. Je mehr wir so empfinden, umso mehr wird uns bewusst, was wir alles haben.

Meine erste Begegnung mit dem Buddhismus fand 1978 statt: Ich nahm auf Schloss Ellmau bei Garmisch an einem »Sesshin« teil, was übersetzt »Berühren des Geistes« heißt. Eine Bekannte hatte mich eingeladen, mich drei Tage in intensiver buddhistischer Zen-Meditation zu üben. In der kleinen Pagode auf Schloss Ellmau wurden wir von Zen-Meister Taisen Deshimaru im Zazen, der »Sitzmeditation«, angeleitet. Als Taisen den Raum betrat, war ich sofort von seiner beeindruckenden Erscheinung fasziniert, noch mehr aber von seiner Ruhe und seiner erhabenen Ausstrahlung. Ich folgte seinen Anleitungen, so gut ich konnte: Diese Meditationsübung wird im Lotussitz oder im Knieen ausgeführt, was anfangs sowohl körperlich als auch psychisch schwer auszuhalten ist. Aber genau das ist das Ziel: nur sich selbst beobachten, seine Gefühle wahrnehmen. Dadurch lernt man Achtsamkeit und verbindet sich mit dem gegenwärtigen Ort und Moment.

Francis Bacon sagte einmal ganz treffend: »Nicht die Glücklichen sind dankbar, es sind die Dankbaren, die glücklich sind.« Zufriedenheit macht glücklich, so einfach ist das eigentlich.

Wem es im Leben schwer fällt, dankbar zu sein, der sollte sich vielleicht ein Tier zulegen. Dann stellt sich dieses Gefühl von selbst ein. Ich spreche da aus jahrzehntelanger Erfahrung.

Wundertraber mit Pferdefuß

Es schien, als könnte Sea Cove alles erreichen! Er war riesengroß, selbst für einen Hengst. Und unglaublich kraftvoll. Sein Fell strahlte in warmem Braun, wenn die Sonne darauf schien. Seine Mähne leuchtete pechschwarz. Sea Cove zählte in den 1990er-Jahren zu den besten Trabern Europas. Über zwei Millionen Euro an Preisgeldern lief er bis zu seinem Tod 2012 ein.

Ich war ein glühender Fan dieses prachtvollen Pferdes und folgte ihm zu vielen Wettkämpfen: Ich flog nach Norwegen und Italien und sah es 1994 beim bedeutendsten Trabrennen der Welt siegen, dem »Prix d'Amerique« in Paris. Als »Wundertraber« bezeichnete die Pferdeszene Sea Cove damals. Dem konnte keiner das Wasser reichen. Was für ein Kämpfer! Das begeisterte mich. Denn auch ich würde mich als Kämpfer bezeichnen.

Sea Cove gehörte einem Freund von mir: Charles Grendel, der ein Gestüt in der Lüneburger Heide betrieb. 600 000 Mark hatte er für Sea Cove gezahlt. Er plante, ihn irgendwann aus dem Rennen zu nehmen und für die Zucht zu verwenden. Damit wären weitere Millionen drin gewesen! Doch leider platzte dieser Traum. Denn es stellte sich heraus, dass Sea Cove unfruchtbar war. Der große Sieger hatte zu kleine Hoden!

Das veranschaulicht wieder einmal sehr schön: Du kannst dir noch so viel Mühe geben, noch so hart kämpfen oder dich durchboxen – manchmal setzt die Natur dir Grenzen. Die lassen sich weder mit Schweiß noch mit Geld überwinden. Und damit musst du dann klarkommen. Das ist nicht immer so einfach. Mir fällt es bis heute schwer, bestimmte Tatsachen als gegeben hinzunehmen. Aber ich übe mich in solchen Fällen weiter in Gelassenheit. Auch das ist ein Training, welches die eigene innere Stärke immens schult. Und davon kann man bekanntlich nie genug haben.

Was für ein Kämpfer! Das begeisterte mich.
Denn auch ich würde mich als Kämpfer bezeichnen.

Tierisch schöne Traditionen

SUSANNE KELLERMANN

Für Fritz sind Rituale sehr wichtig – das zieht sich durch alle Lebensbereiche: Er entspannt am liebsten in denselben Hotels und isst in denselben Restaurants. Zu seinem kulinarischen Standardprogramm zählen Spargel im April, frischer Matjes im Mai, und darauf folgt der Sommertrüffel. Diese Köstlichkeiten lässt er sich auf keinen Fall entgehen, sobald die jeweilige Saison beginnt!

Besonders ernst aber nimmt er Traditionen, die wir als Familie pflegen: Das Osterfest steht in jedem Fall ganz weit vorn. Als unsere Tochter Filippa gerade laufen konnte, versteckte Fritz für sie die ersten bunten Eier in seinem Garten und hatte eine spitzbübische Freude daran zu beobachten, wie sie eines nach dem anderen zwischen den Grasbüscheln herausfischte.

Diese Momente lassen ihn wahrscheinlich an seine eigene Kindheit zurückdenken. Es gibt ein altes Schwarz-Weiß-Foto von Fritz aus dem Jahr 1944, auf dem ist er noch keine drei Jahre alt. Darauf hält er lachend zwei Ostereier in seinen Händen. Es war das letzte Osterfest, das er mit seinem Vater verbrachte, bevor dieser zurück an die Front musste und im Jahr darauf vermisst blieb. Erinnerungen an das gemeinsame Fest hat Fritz leider nicht, aber das Foto bedeutet ihm sehr viel. Ich denke, durch unsere Traditionen möchte Fritz dafür sorgen, dass Filippa möglichst viele schöne Erinnerungen an ihre Kindheit und an ihren Papa hat.

Tiere gehören für Fritz unweigerlich dazu und das gilt beinahe für alles, was er tut. So wurde Filippa bei ihrer Suche jedes Jahr fleißig von Aron unterstützt. Sie kannte es gar nicht anders. Er tigerte wie sie durch den Garten, die Schnüffelnase dicht am Boden.

Nahm Aron Witterung auf, bellte er laut und machte Filippa auf diese Weise deutlich, dass sie schnell zu ihm herüberkommen solle. Ihre süße Beute, schließlich war ein Großteil davon aus Schokolade, teilten die beiden einträchtig miteinander. Denn auch Aron liebte Schokolade, obwohl er sie nicht vertrug.

Weihnachten läuft bei Fritz genauso schwer ritualisiert ab. Am ersten Weihnachtstag isst er seit seiner Kindheit Gans mit Kartoffelknödeln und Vogerlsalat, und an den Baum hängt er Ornamente, die er seine Mutter mal gekauft hat. Filippa hat einmal mit Filzstiften ein Bild von unserer Bescherung gemalt: Mama, Papa, Filippa, Aron. Ihre kleine Familie mit zwei und vier Beinen, um eine große Tanne versammelt. Wir gehörten für sie alle zusammen.

Auf dem Bild ist neben Aron ein Knochen zu sehen, denn das war Filippas erste eigene Tradition: Sie brachte ihm am Heiligen Abend immer einen großen Kauknochen mit, um den sie eine dicke Schleife band. Generell hat sie darauf bestanden, stets eine Überraschung für Aron in petto zu haben. Mal einen Ball, ein quietschendes Spielzeug oder ein Kuscheltier. Es hat ihr unglaublich viel Spaß gemacht, kleine Geschenke für ihn auszusuchen. Ich bin gespannt, welche Traditionen sie in Zukunft noch so einführt. Denn daran hat sie größte Freude, genau wie ihr Papa.

Tiere gehören für Fritz unweigerlich dazu –
und das gilt beinahe für alles, was er tut.

Schneehunde vor dem Kachelofen: unsere Hüttenabenteuer

In den 1980er-Jahren pachteten Elmar und ich einige Jahre zusammen eine rustikale Berghütte in Söll am Wilden Kaiser. Dort fuhren wir über Fasching immer mit der ganzen Familie hin. Und wenn ich »ganze Familie« sage, meine ich die ganze Familie, also auch meine Hunde. Erst war Ero allein dabei, ab 1982 auch sein Sohn Andy.

Wir liebten dieses urige Selbstversorger-Bergabenteuer ganz ohne Luxus. Denn unsere Unterkunft verfügte über keinerlei Schnickschnack. Es war eine einfache Hütte mit drei Schlafzimmern, rot-weiß karierten Vorhängen an den Fenstern und Wachstischdecke auf einer großen Holztafel. Dort servierte ich die von mir gekochten Spaghetti.

Bevor es losgehen konnte, galt es aber eine knifflige Aufgabe zu lösen: Denn neben Menschen, Hunden und Proviant mussten auch Klamotten, Skier und Schlitten in die Autos geladen werden. Ein echtes Strategie-Puzzle und Tetris-Spiel der Sonderklasse, in dem ich mit jedem Mal besser wurde. War alles verstaut, ging die nicht weniger anstrengende Anreise los: Mit Schneeketten auf den Reifen knirschten wir in Tirol den Berg hinauf, parkten dann an immer derselben Stelle und luden alles aus. Die Kinder behaupten steif und fest, wir wären immer nachts dort angekommen, weil alles so lange gedauert hätte. Aber das habe ich anders in Erinnerung. Von meiner Seite aus war alles perfekt geplant!

Nächster Schritt: Sämtliches Gepäck raus aus dem Auto und rauf auf die Schlitten. Denn um zu unserer Hütte zu gelangen, mussten wir alles hangabwärts durch den frischen Tiefschnee ziehen. Das war gleich das erste Abenteuer – und ein gutes Workout zugleich. Die Hütte gehörte einem Bauern, der vor unserer Ankunft einheizen sollte, aber das klappte nur selten. Wenn wir ankamen, war es meist bitterkalt. Daher warf ich gleich große Holzscheite in den dunkelgrünen Kachelofen, der mit einer breiten Bank versehen war. War das Feuer erst mal im Gang, war dort ein heiß begehrter Platz! Auch die Hunde fühlten sich in der Stube irrsinnig wohl, ihre Bettchen standen natürlich nahe beim Ofen.

Ero und Andy liebten Söll, das merkte man ihnen bei jedem fröhlich gemachten Schritt an. Sie begleiteten uns auf langen Spaziergängen und wälzten sich dabei vor lauter Freude im Schnee. Wenn die beiden zurück in die Hütte trabten, hingen in ihrem Fell teils dicke Eisklumpen, die ich auch aus ihren Pfoten herausarbeiten musste. Doch ehe ich überhaupt dazu kam, schüttelten sie sich bereits einmal kräftig, dass die Tropfen nur so durch die Hütte flogen. Wir alle mussten über diese Dusche herzlich lachen. Es war immer eine so schöne Zeit, die wir dort oben miteinander verbrachten! Mutti war auch oft dabei und freute sich, mit uns allen und den Hunden zusammen zu sein.

Traditionen wie diese sind mir wichtig. Ich habe sie immer aufrechterhalten, auch wenn es anstrengend war. Aber genau solche gemeinsamen Momente – das Lachen, das Schwitzen, das Genießen der Natur – halten die Familie zusammen. Es entstehen Erlebnisse, die alles überdauern, und die von Generation zu Generation weitergegeben werden.

Die Hütte in Söll haben wir schon lange nicht mehr. Aber die Erinnerungen daran werden uns immer bleiben: an Augenblicke, in denen man sich wünschte, die Zeit bliebe stehen, und an wunderschöne Tage mit unseren »Schneehunden«.

*Es war immer eine so schöne Zeit,
die wir dort oben miteinander verbrachten!*

Wenn der König der Tiere
zur Schmusekatze wird

In München gibt es ein »Bermuda-Dreieck« – zumindest nannte ich es so, weil ich regelmäßig darin verschwand. Mein persönliches Bermuda-Dreieck lag in unmittelbarer Nähe des Wittelsbacher Gymnasiums und bestand aus dem Bayerischen Rundfunk, wo ich als Teenager Radiosendungen aufnahm, dem Augustiner Keller, in dessen Biergarten ich während der Pausen mit meinen Klassenkameraden schnell eine Maß runterstürzte, und dem Circus Krone, dem ich schon als kleiner Junge verfallen war.

Mutti, mein Bruder Elmar und ich besuchten jedes neue Programm im Stammhaus an der Marsstraße 43. Immer im Oktober zogen die Wagen der Schausteller nach langer Tournee dorthin zurück. Von unserem Klassenzimmer aus konnten wir durch die weit geöffneten Fenster beobachten, wie die Elefanten die Straße entlangmarschierten. Was für ein Spektakel! Die Zirkuswelt beeindruckte mich sehr und ich weiß noch, dass ich nach der Schule oft zu den Gehegen spazierte, um mir die Tiere aus der Nähe anzusehen. Mit 14 Jahren drehte ich im Circus Krone den Film »Toxi, der dunkle Stern«. Dabei lernte ich die ganze Familie Sembach-Krone kennen, denen der Zirkus gehörte.

Ein Traum wurde wahr, als ich 1969 für die Wohltätigkeitsveranstaltung »Stars in der Manege« erstmals selbst im Zirkuszelt auftreten durfte. In dem Jahr fungierten meine Kollegen aus »Der Kommissar« und ich als Manegendiener. Bei meinem nächsten »Engagement« durchbohrte ich Uschi Glas, die in einem großen Kasten lag, mit Schwertern. Jutta Speidel und ich machten Späße als Clowns, und mit Elmar führte ich eine ganz heiße Nummer vor:

Sie hieß »Kampf ums Pferd«. Ein Kaltblüter lief im Kreis, und wir versuchten beide, auf das Pferd zu springen. Wir liefen so schnell wir konnten neben dem Pferd her, dabei rutschten plötzlich unsere Stoffhosen runter und wir fielen hin. Ich schaffte es schließlich in den Sattel und griff nach Elmars Arm, um ihn ebenfalls hinaufzuziehen. Die Menge jubelte! Unsere Stürze und das Herunterrutschen der Hosen gehörten natürlich genauso zu dieser Nummer, die wir über Tage hinweg einstudiert hatten.

Mein persönliches Highlight aber war, dass ich 2008 bei der letzten Show von »Stars in der Manege« als Zirkusdirektor acht Friesenhengste vorführen durfte. Dazu waren einige Proben angesetzt. Jana Mandana Lacey-Krone wies mich in die hohen Weihen der Pferdedressur ein. Sie wurde von Christl Sembach-Krone zur Reiterin und Tiertrainerin ausgebildet und später von ihr adoptiert. Jetzt ist sie nicht nur Zirkusdirektorin, sondern auch verantwortlich für den Marstall mit 60 Pferden. Daneben arbeitet sie aber auch mit Kamelen, Zebras, Lamas und Elefanten. Oberstes Gebot bei meiner Nummer war, dass ich mich in der Mitte der Manege um die eigene Achse drehen musste, ohne auch nur einen Schritt von dieser Position abzuweichen. Sonst würde die Nummer zusammenbrechen, schärfte Jana mir ein. Es beeindruckte mich sehr, mit welcher Eleganz und Genauigkeit die acht Friesenhengste zunächst nebeneinander aufgereiht durch die Manege trabten, dann »par quatre« (zu viert), »par deux« (zu zweit) und zuletzt hintereinander. Ich bekam es genauso hin, wie wir es geprobt hatten – und verdiente mir damit den Respekt der gesamten Zirkusfamilie. Es gibt Menschen, die den Circus Krone kritisch sehen. Aber Tierschützern und Skeptikern würde ich ans Herz legen, sich selbst davon zu überzeugen, wie gut die Tiere untergebracht sind und gepflegt werden. Sie bekommen die beste tierärztliche Betreuung, die man sich wünschen kann, und werden mit großer Achtsamkeit behandelt.

Jana Mandana Lacey-Krone erzählte mir von einer Elefantendame, die aufgrund ihres hohen Alters »in Rente« geschickt werden sollte. Diese Tiere ziehen dann auf die Circus-Krone-Farm in Weßling außerhalb von München. Elefanten, Tiger und Pferde genießen dort auf dem Land ihr Altenteil. Doch besagter Elefantin schmeckte das überhaupt nicht. Sie stellte das Essen ein und gab ihren Pflegern damit zunächst ein Rätsel auf. Warum nur ging es dem Tier, das vorher topfit gewesen war, nach dem Umzug so schlecht? Dann dämmerte es dem Team und die Elefantendame wurde zurück in ihr altes Zuhause gebracht, dem Stammhaus samt Zirkuszelt. Dort durfte sie wieder in die Manege und blühte in Windeseile auf! Das Tier hatte seine Auftritte vor Publikum vermisst – was keiner besser nachvollziehen kann als ich.

Janas Ehemann, der Brite Martin Lacey jr., ist einer der bedeutendsten Dompteure der Welt. Er hat mir bei meinen Besuchen bewusst gemacht, was für die Beziehung, den Umgang und das Zusammenleben zwischen Mensch und Tier von entscheidender Bedeutung ist. Genau wie bei der Beziehung zwischen Eltern und Kind geht es immer um Liebe und Respekt. Wenn man Liebe und Respekt zugrunde legt, geschieht automatisch etwas ganz Wunderbares: ein wirkliches Zusammenleben auf Augenhöhe. Ein gemeinsames Aushandeln, ein Wegweisen, ein Wachsen. Ich hatte ja das Glück, auf diese Weise groß werden zu dürfen. Mutti hat Elmar und mich genauso behandelt. Deshalb fiel es mir leicht, diese Haltung weiterzutragen und sie meinen Kindern, meinen Hunden und im Prinzip allen Mitmenschen und Lebewesen gegenüber beizubehalten. Wenn also Liebe und Respekt die Basis sind, braucht es kein Erziehen (dieser Begriff hat für mich etwas Negatives, Übergriffiges), kein Dressieren, kein Dominieren, kein Erpressen, Drohen und schon gar kein Bestrafen.

Deshalb trifft auch die Bezeichnung »Dompteur« auf Martin Lacey jr. im Grunde genommen nicht zu. Der Begriff ist dem französischen »dompter« entlehnt und bedeutet s viel wie »zähmen«, »bezwingen«. Martin praktiziert das Gegenteil davon. Nichts läge ihm ferner, als ein Tier zu zähmen. In speziellen Vorstellungen zeigt Martin, wie er mit seinen Löwen und Tigern arbeitet. Dabei erklärt er auch, wie man sogar Raubtiere mit Liebe an verschiedene Aufgaben heranführen kann. Wenn ein Tier etwas nicht machen möchte, gibt es dafür einen Grund – zum Beispiel Angst oder Unsicherheit.

Diese Gefühle lassen sich nur mit Vertrauen, Liebe, Respekt und Verständnis auflösen.

Seit 2014 bin ich Pate eines Löwen im Circus Krone. Als ich ihn zum ersten Mal sah, wirkte das noch recht kleine Kätzchen schon wie ein echter »King«, da fiel mir die Namensgebung leicht. Mit fünf Monaten wog Elvis 20 Kilogramm, inzwischen sind es mehrere Hundert. Martin sagte zu mir: »Du wirst in der ersten Sekunde merken, ob er dich mag oder nicht.« Und patsch, hatte ich Elvis' Pfote auf meinem Arm. Da war unsere Freundschaft besiegelt. Bei diesem ersten Besuch hatte ich auch meine kleine Tochter Filippa dabei. Ich hielt sie auf dem Arm und Filippa schaute skeptisch drein. Wilde Tiere waren ihr da noch deutlich lieber, wenn sie einen Knopf im Ohr hatten. Und auch ich fragte mich, ob es schlau

gewesen war, Filippa zum Treffen mit einem lebendigen Löwen mitzunehmen. Doch Elvis blickte mich an, und in seinen Augen las ich eine beruhigende Botschaft: »Keine Sorge, keine Sorge.« Und tatsächlich: Alles lief friedlich ab und schließlich konnte Elvis auch Filippa ein Lächeln entlocken. Mir war es gelungen, mein Vertrauen auf sie zu übertragen.

Elvis ist inzwischen lange ausgewachsen. Besuche ich ihn, kuschelt er sich ans engmaschige Gitter, das uns aus Sicherheitsgründen trennt. Ich gehe ganz nah ran und seine toffeefarbene Mähne streicht über meine Wange. Elvis erkennt mich immer sofort wieder, auch wenn unser letztes Treffen schon ein Jahr zurückliegt.

In meiner Gegenwart wird der König der Tiere zur Schmusekatze. Ein Beweis dafür, dass auch diese beindruckenden und gefährlich erscheinenden Tiere sich oft nur nach einem sehnen: ein bisschen Liebe.

Zwei in einem Boot

Im Nachhinein weiß ich gar nicht genau, was schlimmer war: Der Moment, als ich erfuhr, dass Aron schwarzen Hautkrebs hat – oder der Tag, an dem ich selbst nur wenige Monate später die gleiche Diagnose erhielt.

Das ist doch verrückt, oder? Krebs ist eine Seuche, welche die ganze Welt befällt. Sie macht vor niemandem Halt, auch nicht vor Tieren. Dass Aron und ich gleichzeitig gegen diese heimtückische Krankheit ankämpfen mussten, war für mich schwer zu begreifen. Aber als Anhänger des Zen-Buddhismus halte ich mich nicht lange mit Fragen auf wie: Warum nur? Warum gerade ich? Warum Aron, mein bester Freund? Ich malte mir auch nicht gleich das schlimmste Schicksal für uns beide aus. Was mir half, war, möglichst achtsam eine Hürde nach der nächsten zu nehmen. Mich ganz auf die einzelnen Schritte zu konzentrieren, Teilsiege zu feiern. Und dann zum nächsten Sprung anzusetzen. Diese Taktik spart Kraft – und die brauchte ich bei solch einem ernst zu nehmenden Gegner wie dem Krebs.

Nachdem der Arzt mir Arons Befund mitgeteilt hatte, fand ich heraus: Krebs ist eine der häufigsten Todesursachen bei Hunden! Angeblich entwickelt eines von vier Tieren im Laufe seines Lebens einen Tumor. Jeder zweite Hund mit einem Alter von mehr als zehn Jahren stirbt daran. Das las ich online, als ich mehr über das Thema wissen wollte. Dabei sollte man bei Krebs genau eines nicht machen: googeln. Das weltweite Netz zieht uns hinab in einen nicht enden wollenden Strudel aus falscher Hoffnung, falschem Halbwissen und falschen Prognosen. Rasch klug geworden, ließ ich die Finger von meinem Laptop und hörte nur mehr darauf, was mir die Ärzte mitteilten.

Arons Ausgangszustand war furchtbar. Gegen Ende 2019 fraß er nicht mehr wie gewohnt und wurde immer schlapper. Ein Tierarzt fand ein tischtennisballgroßes schwarzes Geschwür in seinem Mund. Eine Krebserkrankung verändert das Erbgut der Zellen. Normale Zellen werden zu Tumorzellen und vermehren sich unkontrolliert, oft über viele Jahre, bis es auffällt. So entsteht eine Geschwulst. In Arons Fall wurde sie wegoperiert, danach bekam er eine Chemotherapie. Ich war bei den Sitzungen, in denen Aron die Infusionen verabreicht wurden, immer an seiner Seite. Wir standen das gemeinsam durch. Anfang 2020 hieß es dann: »Alles gut, Ihr Hund ist geheilt!« Aron war es scheinbar gelungen, so wie mir schon viele Male zuvor in meinem Leben, dem Tod von der Schippe zu springen. Wie erleichtert war ich da!

Im Herbst 2020 ging der Wahnsinn dann bei mir los. Nachdem ich mitten in der Nacht mit Verdacht auf Herzinfarkt in eine Klinik eingeliefert wurde, ließen die Röntgenbilder meiner Lunge einen ganz anderen Verdacht entstehen. Nach wochenlangen Untersuchungen erhärtete sich schließlich die Diagnose: Auch in meinem Körper hatte sich der Krebs eingenistet. In Lunge, Leber, Magen und Gehirn wucherten Metastasen. Eine recht neuartige Immuntherapie sollte helfen: Dafür musste ich alle drei Wochen in die Universitätsklinik Innsbruck, um mir – ähnlich wie Aron – Infusionen verpassen zu lassen. Es folgten Monate, in denen mir nicht einmal mehr meine Zen-Einstellung weiterhalf. Ich war mit meiner Kraft und mit meiner Fähigkeit zu hoffen, am Ende. Besonders grau ist mir der Tag in Erinnerung, an dem mir der Tierarzt verkündete, dass der Krebs bei Aron zurückgekehrt sei und es keine Chance auf Heilung gebe. »Machen Sie sich noch eine schöne Zeit mit ihm«, war alles, was der Mediziner mir raten konnte. Das brach mir das Herz. Ich schaute Aron in die Augen und war unfähig, ihm etwas vorzumachen. Mir strömten die Tränen wie Bäche die Wangen herunter. Sie versickerten in Arons Fell, als ich ihn so fest ich nur konnte, an mich drückte.

Ich tat alles, was in meiner Macht stand, um Aron seine verbleibende Zeit so angenehm wie möglich zu machen. In Absprache mit seinem Arzt justierten wir an seinem Futter. Denn auf diese Weise lässt sich das Immunsystem zumindest ein bisschen stärken. Da ich nicht mehr mobil genug war, um ihm genügend Auslauf zu bieten, gab ich Aron vermehrt zu einer lieben Hundepflegerin, die er schon kannte. Dort war er in Gesellschaft anderer Vierbeiner und viel unterwegs an der frischen Luft. »Manchmal hüpft er herum wie ein junger Spund«, berichtete mir seine Betreuerin. Das zu hören, tat mir gut.

War Aron zu Hause, kuschelten wir noch mehr als sonst üblich. Aron muss gespürt haben, dass wir im selben Boot aßen. Unsere stille Abmachung lautete:

So lange es geht, hört hier keiner auf zu rudern!

Balsam für die Seele

EMANUELA VON FRANKENBERG

Er ist ungefähr fünf Zentimeter groß. So, dass er genau in eine Hand passt. Ein Mini-Aron aus grauer, brauner und weißer Wolle. Stundenlang habe ich gefilzt und geformt, bis er seinem großen Ebenbild zum Verwechseln ähnlich sah. Ich stickte ihm eine schwarze Nase auf, verpasste ihm dunkle Knopfaugen. Dann habe ich Fritz den kleinen Hund auf seinen Garderobentisch gestellt. Das ist jetzt schon ein paar Jahre her. Ich wollte, dass er einen Aron hat, den er immer und überall bei sich tragen kann. Er hat sich so gefreut, dass ihm die Tränen gekommen sind.

Zwischen Fritz und mir gab es von Anfang an dieses Urvertrauen. 20 Jahre lang standen wir gemeinsam für die Serie »Um Himmels Willen« vor der Kamera. Er als Bürgermeister Wöller, ich als Schwester Agnes. In den Drehpausen mussten wir nicht unbedingt viel reden, um uns zu verstehen. Fritz ist ein Hundemensch, genau wie ich. Wer ein Hundemensch ist, erkenne ich instinktiv. Hundemenschen sind besonders empfindsam und können gut mit Blicken kommunizieren – darin ist Fritz Meister.

Meine Hunde-Sehnsucht würde ich als gigantisch einstufen. Ich hätte so gern selbst einen. Aber das ist kompliziert, da ich beruflich viel unterwegs bin und Tiere in Hotels und Mietwohnungen nicht unbedingt erwünscht sind. Das war der Auslöser, warum ich anfing, mir in meiner Freizeit Hunde und andere kuschelige Mitbewohner aus Wolle zu filzen. Das Zusammenleben mit Tieren fehlt mir so sehr!

Daher freute ich mich unglaublich, als Fritz auf einmal zu zweit war. Irgendwann tauchte er am Set mit Aron auf, einem wilden, jungen Deutsch Drahthaar mit treuem Bernsteinblick, der mich an meinen ersten und einzigen Hund erinnerte: Ajax. Er war eine Mischung aus Pudel und Schnauzer, hatte schwarzes Fell, ein weißes »Kreuz« auf der Brust und genau solche Schlappohren wie Aron. Meine vier Geschwister und ich erlebten Ajax nicht nur als Spielgefährten, sondern als Familienmitglied. Ich bin in der Schweiz aufgewachsen und unternahm als junges Mädchen ausgedehnte Wanderungen mit Ajax. Ganze Tage streiften wir zusammen durch den Wald und die Berge, übernachteten manchmal sogar in Höhlen. Wenn ich nicht schlafen konnte, kuschelte ich mich an sein warmes Fell. Ajax wurde 18 Jahre alt und der Gedanke an seinen Tod tut heute noch weh.

Als Kind fühlte ich mich oft einsam. Ajax beschützte mich und schenkte mir Geborgenheit. Mit ihm hatte ich immer einen Freund an meiner Seite. Und ich denke, Fritz ging es ähnlich. Die Beziehung zwischen ihm und Aron war sehr innig. Er hat ihn geliebt, das war offensichtlich. Aron folgte Fritz am Set in den engen Wohnwagen, der Garderobe und Maske in einem war. Auch bei Leseproben saß er neben seinem Herrchen. Fritz nahm Aron sogar mit auf den großen Jahresempfang unserer Produktionsfirma. Es waren unglaublich viele Leute da, wie Sardinen in einer Dose drängten sie sich in dem Raum. Als Fritz und Aron ankamen, stürmten die Fotografen und Journalisten auf sie zu. Fritz war freundlich, professionell, aber bestimmt. »Jetzt lasst uns mal durch«, sagte er ruhig und bahnte sich einen Weg durch die Menge. Man könnte natürlich fragen: Warum nahm er Aron überhaupt mit an diesen Ort? Was hat ein Hund auf so einem Event zu suchen? Ich glaube, auch der große Fritz braucht einen Schutz für die Seele. Einen Freund an seiner Seite, der ihn durch dick und dünn begleitet, so wie Ajax mich damals. Wenn Aron am Set nicht dabei war, weil zum Beispiel nachts gedreht wurde, hat Fritz unheimlich gelitten.

Als er 2021 wegen einer Tumor-OP ins Krankenhaus musste, durfte Aron ihn natürlich nicht begleiten. Im Frühjahr schickte mir Fritz ein Foto von sich im Krankenhausbett. Neben seinem Gesicht lag mein kleiner Aron, der ihn stellvertretend für den echten beschützte. Das hat mich sehr berührt.

Fritz bat mich, ob ich ihm noch ein paar Mini-Arons machen könne. Denn die wollte er seinen Kindern und Enkelkindern schenken. Pünktlich zu seinem 80. Geburtstag waren sie fertig, da hatte der echte Aron diese Welt schon verlassen. Er fehle ihm wahnsinnig, sagte Fritz. Meine kleine Hundefamilie, die ich ihm in einem mit Blumen und Herzen geschmückten Pappkarton ins Krankenhaus schickte, ließ er dann doch erst mal auf seinem Zimmer stehen, statt sie wegzugeben. Er hatte sie vom Bett aus genau im Blick. Kein Ersatz für seinen großen Aron, aber ein bisschen Balsam für die Seele.

Ich glaube, auch der große Fritz braucht einen Schutz für die Seele. Einen Freund an seiner Seite, der ihn durch dick und dünn begleitet.

Ein quälender Gedanke

Eigentlich müsste diese Seite komplett weiß bleiben. Denn für das, was im Mai 2021 passierte, fehlen mir die Worte. Ich habe das Geschehene noch nicht verdaut, und es tut extrem weh, darüber zu sprechen. Ich schaffe es nicht, ohne dass mir die Tränen kommen. Ein dicker Kloß im Hals hält meine Worte zurück.

Ich hoffe, man verzeiht es mir, dass ich hier nicht in epischer Breite über Arons Tod berichte, denn das kann ich nicht. Dafür bin ich emotional zu nah dran, ich muss erst noch einiges seelisch verarbeiten. Das Schlimmste ist, dass ich mich nicht von ihm verabschieden konnte. Anfang Februar musste ich von heute auf morgen in die Universitätsklinik Innsbruck. Ich wurde wegen eines Tumors operiert und mein Leben hing am seidenen Faden. Wochenlang, monatelang. Aron kam in dieser Zeit zu seiner geliebten Betreuerin. Allerdings hatte er keine Ahnung, was mit mir passiert war und wann ich wiederkommen würde. Das wusste ich ja selbst nicht. Ich lag zeitweise im Koma und meine Familie dachte schon: Das war's jetzt!

Wie gern hätte ich Aron gesehen, doch in Deutschland und Österreich sind Hunde in Krankenhäusern streng verboten. Andere Länder machen hier durchaus Ausnahmen: In den USA und Kanada gibt es spezielle Programme und Stiftungen, die es schwer kranken Herrchen und Frauchen nach Rücksprache mit den Medizinern ermöglichen, auch im Krankenhaus Besuch von ihren Haustieren zu erhalten. Hunde, Katzen, manchmal auch Kaninchen. Eine Wissenschaftlerin der Universität Houston untersuchte über Jahre hinweg die Wirkung solcher Treffen und schrieb in ihrer Conclusio von »heilenden Beziehungen«. Die Tiere würden dabei helfen, psychologische Barrieren zu lösen und die Kommunikation mit den Patienten zu verbessern.

Ich hätte alles dafür gegeben, Aron auch nur einmal bei mir zu haben! Dass er gestorben war, erfuhr ich von meiner Tochter Sophie, kurz nachdem ich aus dem Koma erwachte. Richtig wahr-  genommen habe ich diese Nachricht da noch nicht. Ich glaube, ich wollte ihren Inhalt nicht verstehen. Erst nach und nach ließ ich es zu. Und dann setzte die Trauer ein. Ich leide noch immer unter dem Gedanken, mei- nen Freund bitter enttäuscht zu haben. Denn Aron wuss- te ja nicht, wo ich war. In seinen Augen bin ich ohne ein Wort des Abschieds abgetaucht. Für immer. Natürlich nahm ihn das mit, seelisch und gesundheitlich. Ich muss ihm so gefehlt haben – und bekam selbst nichts davon mit! Wie grausam.

Ero und Andy habe ich nach ihrem Tod im Wald in Schlitz begraben. Ich ließ Särge anfertigen und hob unter einer mächti- gen Eiche ein Loch für sie aus. Auf einen Grabstein ließ ich ihre Namen meißeln. Und jedes Mal, wenn ich in Hessen auf die Jagd ging, schaute ich vorher bei Ero und Andy vorbei. Aron wurde ein- geäschert. Ob er auch seine letzte Ruhe in Schlitz finden wird, weiß ich noch nicht. Ich bin noch nicht bereit dazu, ihn für immer gehen zu lassen.

Ich leide noch immer unter dem Gedanken,
meinen Freund bitter enttäuscht zu haben.
Denn Aron wusste ja nicht, wo ich war.

Ein Abschied in Würde

SOPHIE MEISTER

Aron war schon lange krank, und Papi hat alles unternommen, um ihm noch ein möglichst langes und schönes Leben zu bereiten. Als Papi 2021 plötzlich in die Klinik musste, kam Aron zu einer sehr lieben Betreuerin, bei der er auch vorher schon oft gewesen war und die Aron gut kannte. Eine unglaublich liebe Frau, bei der es Aron sehr gut ging. Wir wussten da noch nicht, wie lange Papi wirklich weg sein würde, aber wir wussten, dass es ihm sehr wichtig war, dass Aron liebevoll betreut wird.

Aron hat viele Wochen durchgehalten und auf den Papi gewartet. Ich habe ihn einige Male besucht und gesehen, wie seine Kräfte langsam nachließen. Seine Beine konnten ihn nicht mehr tragen. Irgendwann rief mich Arons Betreuerin an und sagte, dass er nicht mehr aufstehen könne. Die Würde des Hundes stand für uns an erster Stelle, und die war in diesem Augenblick nicht mehr gegeben. Daher haben wir zusammen mit einem Tierarzt, der Aron auch schon länger begleitet hatte, entschieden, dass es nun an der Zeit war, ihn gehen zu lassen. Mir war es wichtig, dabei zu sein, weil Papi es nicht konnte. Er lag zu diesem Zeitpunkt auf der Intensivstation.

Der Tag im Mai, an dem Aron für immer einschlief, war einer der ersten Sommertage des Jahres, es war sonnig und warm, es wehte ein leichter Wind durch die Bäume ... Wir hatten ihm ein gemütliches Plätzchen im Schatten eines Apfelbaums gesucht. Seine Betreuerin und ich saßen lange bei ihm und haben ihn gestreichelt. Als der Tierarzt kam, hielten wir unsere Tränen zurück, damit Aron unseren Schmerz nicht bemerkte. Wir wollten ihn nicht unnötig aufregen. Aron schloss schließlich die Augen und es lag ein unglaublicher Friede über diesem Moment. Er machte seine letzten Atemzüge nicht in einer Klinik oder auf einem kalten OP-Tisch, sondern auf der warmen Erde, umgeben von Menschen, die ihn liebten. Es ist immer furchtbar schmerzhaft, ein Tier gehen zu lassen, aber ich kann sagen, dass wir Arons Ende so friedlich, liebevoll und würdevoll gestaltet haben, wie es nur ging.

Ich war natürlich sehr zögerlich, als es darum ging, meinem Vater die Nachricht von Arons Tod zu überbringen. Denn er hatte kurz vorher selbst im Koma gelegen, war immer noch nicht wieder ganz da. Papis Arzt auf der Intensivstation riet mir dazu, es ihm dennoch zu sagen, weil das Patienten in so einer Situation helfe, wieder ins Leben und in die Realität zurückzufinden. Er war mit im Raum, als ich Papi von Arons Abschied berichtete. Papi hat mich danach noch oft gebeten, ihm davon zu erzählen. Es hat ihn zwar jedes Mal unendlich traurig gemacht, aber ich glaube, er hat Trost daraus gezogen, wie friedlich und »schön« es abgelaufen ist. Er hätte vor allem auch niemals gewollt, dass Aron leidet. Einerseits tut es mir weh und leid, dass Papi Aron nicht auf seinem letzten Weg begleiten und sich generell nicht von ihm verabschieden konnte. Auf der anderen Seite bin ich manchmal auch froh, dass es so war. Weil ich weiß, wie sehr ihn das mitgenommen hätte. Wie schmerzhaft es für ihn gewesen wäre. Ich habe Aron einäschern lassen und Papi vorgeschlagen, dass wir eine schöne Verabschiedungszeremonie gestalten, sobald er wieder auf den Beinen ist. Vielleicht verstreuen wir dann die Asche an einem Ort, den Aron liebte, oder wir begraben seine Urne bei unserem Forsthaus in Hessen, wo er oft mit Papi auf der Jagd war.

Aron hatte schwarzen Hautkrebs, genau wie Papi, bei dem die Krankheit ein Jahr später entdeckt wurde. Ich habe irgendwann einmal gelesen, dass es vorkommt, dass Tiere ihren Menschen Krankheiten eine Zeitlang abnehmen. Ich weiß nicht, ob das stimmt, aber die beiden hatten so eine enge Verbindung, dass ich es durchaus für möglich halte.

Ich habe einen (Hunde-)Traum

Ich möchte von einem Traum erzählen.

In diesem Traum bin ich geflogen,
an einem sonnigen Sommertag.
Ich trug ein weißes Nachthemd,
das hatte vorne eine Tasche und darin steckte ein Hund.
Ein kleiner Jack Russell, um genau zu sein.
Mit weit ausgebreiteten Armen glitt ich durch die Wolken –
bis unter mir eine strahlend grüne Wiese auftauchte.
Daneben glitzerte ein See im Sonnenlicht.
Auf dem landete ich mit rudernden Armen, wie eine Ente.
Das Wasser stob nach rechts und links, ich dümpelte auf der
Oberfläche. Meinen Jack Russell im Arm.

Das ist keine aufregende Geschichte. Kein großes Abenteuer. Aber manchmal sind es die kleinen Dinge, die einen glücklich machen. Diesen Traum habe ich schon oft geträumt. Immer genau so. Jedes Mal wache ich danach mit einem breiten Grinsen auf. Manchmal suche ich noch kurz nach dem Hund in meinem Arm, bis ich feststelle, dass das alles nur im Schlaf passiert ist. So echt fühlt es sich an! Diese Leichtigkeit, der Wind zwischen meinen Fingern ... Ich lasse alles los und fliege, darf mitten in der Natur landen, die ich so liebe. Und habe einen Hund dabei. Was könnte es Besseres geben? Für mich ist das der schönste Traum, den ich mir vorstellen kann!

In letzter Zeit allerdings träume ich häufig von Aron. Es sind verschiedene Szenen, die ich da vor meinen Augen sehe: Aron und ich sitzen zusammen im Wohnzimmer und hören Musik. Er läuft mir im Garten in die Arme. Oder wir streifen durch den Wald, beide glücklich und ohne Schmerzen. In der Phase zwischen Schlaf und Aufwachen denke ich: Ist der Aron jetzt wirklich da? Lebt er noch? Ich streichle ihn ein letztes Mal und fühle mich wohlig durch und durch.

Jetzt könnte man meinen, dass es mich traurig stimmt, wenn ich auch in diesem Fall irgendwann realisiere, dass alles nur ein Traum war. Aber dem ist nicht so. Denn dass ich Aron nach wie vor spüren und umarmen kann, macht mich unglaublich glücklich. Er ist wieder da, mein bester Freund. Ich lasse ihn immer wieder vor meinem geistigen Auge auferstehen. So realistisch, dass ich unser Zusammensein spüren kann.

So geht es mir auch mit meiner Mutti und meiner Frau Angela, die beide verstorben sind. Einmal träumte ich, Angela läge neben mir. »Schnürchen«, rief ich, das war einer unserer Kosenamen füreinander. Sie versprach mir: »Ich bin immer bei dir.« Ich bin immer bei dir. Tröstendere Worte gibt es nicht. Diese Begegnungen im Traum lassen mich fest daran glauben, dass der Tod kein Abschied für immer ist. Niemals geht man so ganz.

Ob es Aron ähnlich geht? Vielleicht träumt er im Hundehimmel von mir. Wissenschaftler der Universität Harvard haben nachgewiesen, dass Hunde auch träumen – und zwar meist von ihren Herrchen. Denn sie leben nachts keine Fantasien aus. Hunde träumen von Dingen, die ihnen wirklich passiert sind. Ich stelle mir vor, dass der schlafende Aron gerade irgendwo rücklings auf einer Wolke liegt. Seine Vorder- und Hinterläufe bewegen sich aufgeregt, das war wirklich oft so. Aron war anscheinend auch nachts fleißig unterwegs mit mir. Vielleicht sieht er mein Gesicht vor sich, nimmt meinen vertrauten Geruch wahr. Niemand geht so ganz. Weder Hund noch Herrchen. Im Traum und im Herzen sind wir auf ewig vereint.

Diese Begegnungen im Traum lassen mich fest daran glauben, dass der Tod kein Abschied für immer ist. Niemals geht man so ganz.

Zu spät für eine Versöhnung

SUSANNE KELLERMANN

Vielleicht hört sich das nach einigen Sätzen, die ich in diesem Buch geschrieben habe, widersprüchlich an. Aber ich vermisse Aron. Wirklich.
Sein Tod rief in mir Emotionen wach, die ich so nicht erwartet hatte. Es fühlte sich auf einmal so an, als hätte ich ein enges Familienmitglied verloren. Jemanden, mit dem ich mich gestritten und nicht mehr hatte aussöhnen können. Mir wurde bewusst, wie gern ich mit Aron Frieden geschlossen hätte. Jetzt ist es nicht mehr möglich, und das bereue ich. Manchmal schaute Aron mich mit einem Blick an, der zu fragen schien: »Was ist denn eigentlich los? Wieso kannst du mich nicht einfach liebhaben?«
Aber das fiel mir schwer, weil er sich immer so hartnäckig zwischen Fritz und mich drängte. Ich habe es Aron bestimmt spüren lassen, dass er mich in gewissen Momenten störte. Im Nachhinein tut mir das leid. Schließlich ist es bei Tieren nicht anders als bei Kindern: Sie sind ein Spiegel ihrer Eltern beziehungsweise Herrchen und Frauchen. So war es im tiefsten Inneren nicht Aron, auf den ich sauer war, sondern Fritz. Weil er sich in Anwesenheit seines Hundes nicht oft genug auf meine Seite stellte.
Warum das für einen Menschen schier unmöglich ist, der so gepolt ist wie Fritz, wurde mir erst klar, als er während der Arbeit an diesem Buch wirklich alle Erinnerungen, Anekdoten und Gefühle vor mir ausbreitete, die Hunde in ihm wachrufen. Mit dem Wissen, das ich jetzt habe, würde ich mich viel toleranter verhalten. Ich kann besser verstehen, warum Fritz manches tat und anderes unterließ.

Unser Dialog hat mir die Augen geöffnet.
Ich wünschte, wir hätten ihn früher geführt.

Es ist nicht »nur ein Hund« ...

Fritz:

Dieses Buch ist auch ein Abschied. Ein Abschied von Aron. Aber zugleich ist es eine Erinnerung und ein Erkennen. Oft verstehe ich Dinge besser, wenn ich sie zu Papier bringe. Dass Aron nicht mehr unter uns weilt, kann ich immer noch nicht fassen. Er war nicht nur mein Hund, er war viel mehr für mich: mein Freund, mein treuer Begleiter, mein Zuhörer, mein Tröster, mein Glücksbringer, mein Vertrauter in allen Lebenslagen – bis zu seinem Tod im Mai 2021.

Es gibt Menschen, die in so einer Situation sagen: »So schlimm kann es ja nun nicht sein. Es ist doch NUR ein Hund!« Aber diese Menschen haben höchstwahrscheinlich noch nie die Magie gespürt, die entsteht, wenn Hund und Herrchen sich so lieben und vertrauen, wie es bei Aron und mir der Fall war. Nicht alle haben dafür vollstes Verständnis. Und manchmal war es auch für mich nicht leicht, die Menschen, die ich liebe, und die Tiere, die ich liebe, unter einen Hut zu bringen. Aber ich habe es immer wieder aufs Neue versucht. Denn für mich gehören alle zusammen.

Susanne:

Ich mag Tiere. Ich bewundere Tiere. Einige, denen ich näherkommen durfte, habe ich sogar geliebt und vermisse sie manchmal.

Doch ehrlicherweise fiel es mir immer schwer, die extreme Liebe, die Fritz für seinen Hund Aron empfand, wirklich nachzuvollziehen. Was genau fühlt und denkt er, wenn er mit seinen Hunden zusammen ist? Was geht in seinem Kopf und in seinem Herzen vor? Kann ich als »Außenstehende« diese enge Bindung überhaupt verstehen? Oder sogar etwas darüber lernen?

Susanne & Fritz:

Zusammen haben wir versucht, diese Magie zwischen zwei Buchdeckel zu bannen, die Seiten mit eindrucksvollen Tiererlebnissen gefüllt. In unseren Gesprächen kam alles ans Licht: die guten Zeiten, die fordernden, die traurigen. Aber auch Konflikte, die durch Aron in unserer Beziehung entstanden.

Mit diesen Konflikten möchten wir ganz offen umgehen. Denn mit großer Sicherheit gibt es andere Paare, denen es ähnlich geht. Bei denen es auch mal »tierisch« Stress gibt.

Worauf wir uns beim Start dieses Projektes einigen konnten: dass Tiere uns im Kopf und im Herzen auf einer ganz speziellen Ebene berühren können. Von diesen Erlebnissen berichten wir, aber auch Verwandte, Freunde und Kollegen von Fritz. Dieses Buch ist nicht nur ein Abschied, sondern auch eine Aufforderung, sich für andere Sichtweisen zu öffnen.

Denn wenn uns die Natur eines lehrt, dann ist es, den Kreislauf des Lebens als solchen anzunehmen. Jedes Ende ist ein Anfang – wenn man es zulässt.

Schlusswort –
und ein neuer Anfang

Fritz:

Schlusswort ist eigentlich der falsche Begriff für das, was ich noch sagen möchte. Denn diese Formulierung würde bedeuten, dass man etwas abschließend betrachtet. Aber meine Liebe zu Hunden – und speziell zu Aron – ist nicht beendet, sie wird es niemals sein.

Auch wenn ich meiner Vierbeiner wegen mal wütend war oder wie jetzt unheimlich unter ihrem Fehlen leide, so würde ich doch nie den Zeiger der Zeit zurückdrehen wollen und mich anders entscheiden. Ich bin ein Hundemensch durch und durch und kann mir ein Leben ohne sie nicht vorstellen. Wie viel haben Hunde mir schon gegeben und wie viel habe ich gelernt: über sie, die Menschen in meinem Leben und vor allem über mich selbst. Auch das ist Teil der besonderen Magie. Manchmal ist sie schon längst da und man muss nur noch seine Augen dafür öffnen.

Susanne:

Die besondere Beziehung, die Fritz zu Hunden hat, verstehe ich nun viel besser. Ich sehe diese Magie in all ihren Facetten und mir wurde bewusst, dass ich sie bei meinen Katzen und der Hündin, um die ich mich auf Hawaii kümmern durfte, selbst erlebt hatte.

Wenn ich die Zeit zurückdrehen könnte, würde ich mit meinem jetzigen Wissen vieles anders machen. Ich würde nicht mehr versuchen, mich gegen die extreme Nähe zwischen Fritz und Aron zu wehren. Denn ich habe begriffen, dass das keinen Sinn macht.

Aron und ich haben uns letztendlich sehr ähnlich verhalten: Ich konnte nicht akzeptieren, dass es Fritz nur noch im Doppelpack gab. Aron konnte nicht akzeptieren, dass ich Fritz ab und zu ganz für mich allein haben wollte. Trotzig kämpften wir beide um ihn – ein permanenter Wettstreit, der nur zu Ärger führte und zu sonst nichts. Ich hoffte inständig, dass Fritz den Konflikt auflöst, indem er zu mir hält und Aron auch mal in die Schranken weist.

Inzwischen weiß ich, dass Fritz das nicht konnte, weil Aron eben sein persönlicher Schutzengel war – und Schutzengel schickt man nicht weg! Und für Aron war Fritz »sein Mensch«, an dessen Seite er immer sein musste und es auf ewig sein wird.

Susanne & Fritz:

Was wir während der Arbeit an diesem Buch erkannt haben: Wie bei allen Konflikten, die beim Zusammenleben entstehen, sollte man immer versuchen, den anderen wirklich aufrichtig zu verstehen. Zusätzlich zu diesem Verständnis füreinander braucht es klare Regeln und Kompromisse – und zwar auf allen Seiten. Zumindest in den Punkten, die einen von beiden besonders stören.

Für uns gäbe es diese Chance, noch einmal alles anders zu machen. Denn bei Arons Züchterin lebt eine Deutsch-Drahthaar-Hündin namens Xena, die sie uns gerne anvertrauen würde. Fritz, Susanne, Filippa und Xena – das klingt doch eigentlich ganz gut.

Vielleicht wagen wir ihn tatsächlich, den Neuanfang zu viert.

Bildrechte